C#

非同期・並列
プログラミング
入門

北山洋幸●著

Task、async/await、Invokeの要諦を学ぶ

CUTT
カットシステム

はじめに

　本書は C# の並列処理や非同期処理について記述した書籍です。一般的に並列処理は性能向上を目的にすることが多いのですが、本書はユーザーインターフェース（UI）の改善についても多くのページを割きました。

　C# 4.0 および .NET Framework 4 で、タスク並列ライブラリ（TPL: Task Parallel Library）が追加されました。これによって、並列プログラムを容易に、かつ柔軟に記述できるようになりました。これは、.NET Framework が従来から持つ生産性の高さに加えて、性能とスケーラビリティの向上も同時に達成する大きな力となります。さらには、Task クラスと紐付いた async/await が C# 5.0 で導入され、UI を Task と簡単に統合して記述できるようになりました。そして、C# 7.1 では、Main メソッドに async なども指定できるようになり、非同期プログラムの開発に関する拡張が行われてきました。ほかにも、.NET 4.5 で Dispatcher クラスに InvokeAsync メソッドが追加されるなど、TPL 導入時から多くの拡張が行われています。

　本書では、常に話題となる async/await やそれに絡むデッドロックや例外の捕捉などについてまとめた書籍です。本書が C# の非同期プログラミングや並列プログラミングの理解の一助となることを祈念いたします。

　本書の対象読者は，以下のような人を対象としています．

- C# で非同期プログラミングを習得したい人
- C# でより良いユーザーインターフェースを実現したい人
- C# で並列プログラミングを習得したい人

　本書を参考に C# における並列プログラミングと非同期プログラムの開発に役立ててください。微力ながら本書が学習の助けになれば幸いです。

謝辞

　出版にあたり、開発環境である Visual Studio を無償公開している米 Microsoft 社、参考文献や参考サイトで情報公開されている団体・個人に深く感謝いたします。ならびに、株式会社カットシステムの石塚勝敏氏にも深く感謝いたします。

2022 年初夏　都立東大和南公園にて 北山洋幸

■ 参考文献、参考サイト、参考資料

1. "C# reference", https://docs.microsoft.com/en-us/dotnet/csharp/language-reference/
2. "C# documentation", https://docs.microsoft.com/en-us/dotnet/csharp/
3. ".NET API browser", https://docs.microsoft.com/en-us/dotnet/api/?view=net-6.0
4. "System Threading Tasks", https://docs.microsoft.com/en-us/dotnet/api/system.threading.tasks?view=net-6.0
5. "Async/Await - Best Practices in Asynchronous Programming", https://docs.microsoft.com/en-us/archive/msdn-magazine/2013/march/async-await-best-practices-in-asynchronous-programming
6. "非同期プログラミングのベストプラクティス", https://docs.microsoft.com/ja-jp/archive/msdn-magazine/2013/march/async-await-best-practices-in-asynchronous-programming
7. @acple@github, "Task を極めろ! async/await 完全攻略", https://qiita.com/acple@github/items/8f63aacb13de9954c5da
8. "Nullable value types (C# reference)", https://docs.microsoft.com/en-us/dotnet/csharp/language-reference/builtin-types/nullable-value-types
9. "High DPI support in Windows Forms", https://docs.microsoft.com/en-us/dotnet/desktop/winforms/high-dpi-support-in-windows-forms?view=netframeworkdesktop-4.8
10. "Threading in C#", https://www.albahari.com/threading/
11. 北山 洋幸, "C# による Windows システムプログラミング", カットシステム
12. 北山 洋幸, "Parallel プログラミング—in .NET Framework 4.0", カットシステム
13. 北山 洋幸, "パーソナルな環境で実践的に学ぶ並列コンピューティングの基礎", カットシステム

■ 本書の使用にあたって

開発環境、および、実行環境を説明します。

■ Windows バージョン
Windows のバージョンへ依存するとは思えませんが、本書のプログラムの開発および動作確認は Windows 10 Pro（64 ビット）で行いました。

■ Visual C# のバージョンとエディション
無償の Visual Studio Community 2022 を使用します。「.NET デスクトップ開発」をデフォルトでインストールしてください。

- .NET バージョン

  本書のプログラムは .NET 6.0 を使用して開発および動作確認を行いました。.NET Framework4.7.2 以降でも問題ないと思われます。細かな C# コンパイラや .NET Framework のバージョン依存は、本文に注釈を入れています。

- URL

  URL の記載がある場合、執筆時点のものであり変更される可能性もあります。リンク先が存在しない場合、キーワードなどから自分で検索してください。

■ 用語

用語の使用に関して説明します。

- カタカナ語の長音表記

  「メモリー」や「フォルダー」など、最近は語尾の「ー」を付けるのが一般的になっていますので、なるべく「ー」を付けるようにします。ただ、開発環境やドキュメントなどに従来の用語を使用している場合も多く、参考資料も混在して使用しているため、本書では、語尾の「ー」は統一していません。

- ユーザーインターフェース

  ユーザーインターフェースを UI と省略する場合があります。

- クラスとオブジェクト

  クラスとオブジェクトはなるべく使い分けています。クラス、オブジェクト両方に適用できる内容については、クラス、オブジェクトを省いている場合もあります。

- クラスとインスタンス

  クラスとインスタンスもなるべく使い分けています。クラス、インスタンス両方に適用できる内容については、クラス、インスタンスを省いている場合もあります。

- ソースリストとソースコード

  基本的に同じものを指しますが、ソースリストと表現する場合ソース全体を、ソースコードあるいはコードと表現する場合ソースの一部を指します。

- **フォームとウィンドウ**

  同じものを指しますが、デザイン時にフォームと呼び、実行時にウィンドウと呼ぶことがあります。

- **非同期呼び出しと非同期処理**

  非同期呼び出しを非同期や非同期処理と省略する場合があります。正確な表現は文脈から判断してください。分かりにくい個所では明示的に使い分けています。

- **.NET と .NET Framework**

  本書で紹介するプログラムは、.NET Framework と .NET のどちらで開発しても構わないものが多いです。このため、.NET Framework と .NET を特別区別せず、.NET と表現している場合があります。

- **Task とタスク**

  ある一定の作業を一般名詞のタスク（作業）、Task クラスのことを Task と表記することが多いですが、明確に使い分けない場合もあります。何を指すかは文脈から判断してください。

- **タスク（Task）とスレッド**

  C# では、Task クラスを使用してスレッドを起動するときがあります。このため、スレッドとタスク、そして Task を混在して使用します。どれも同じものを指しますが、スレッドをタスクと表現する場合があり、その逆もあります。

- **メインスレッドとワーカースレッド**

  メインスレッドとワーカースレッドという用語を多用しています。正確には、元スレッドと新規に生成したスレッドのことです。説明を行いやすいようにメインスレッドとワーカースレッドを使用します。

- **変数とオブジェクト**

  本来オブジェクトと表現するのが適切なものを、変数と表現している場合があります。

目 次

■ 第3章　Task と非同期 ……………………………………………… 55

■ 第4章　Task と UI 更新 …………………………………………… 99

第1章

並列と非同期概論

本章は、一般的な並列概論、C# 特有なタスク並列ライブラリ、そして少し具体的な C# の並列と同期について、図やコードを示し解説します。

1.1 並列化概論

並列とは、同時に複数の処理を行うことです。並列処理と対立する概念が逐次処理で、逐次処理においては、複数の処理が順番に実行されます。並列処理は、時間時で観察した場合、物理的に複数の処理装置を持ち本当に並列処理するものと、処理装置が並列数より少なく、リソースを時分割で利用し、並列処理するものがあります。ただ、広義には、どちらも同じ並列処理です。並列は細かく分類すると、プロセス、スレッドによるもの、コプロセッサーを用いてオフロードするもの、MPI などのようにネットワークで分散するものなど多様です。また、処理を並列するかデータを並列するかで分類することもできます。本書は、C# の Task クラスなどに着目しますので、処理をスレッドで並列するものを解説します。

1.2 逐次と並列

　逐次処理は、ある特定の瞬間でシステムを観察したとき、1つの処理しか行っていません。並列処理は、ある瞬間を観察すると、同時に2つ以上の処理を行っています。言葉が示すように、2つ以上のことを並んで処理します。

　これを詳しく観察すると、人間のように低速なデバイスには同時に2つの処理を行っているように見えても、実際は高速なデバイスであるCPUが瞬間的にいくつもの作業を時分割で掛け持ちし、並列に実行しているように見せかけている場合があります。このような場合、狭義には並列処理している訳ではありません。しかし、広義にはこのような場合も並列処理と呼びます。例えば、CPUを1つしか搭載していないコンピュータが、同時に2つ以上の処理を行う場合がそれにあたります。本書で扱う並列処理は広義の並列です。

■ 逐次と並列のフロー

　逐次処理は、言葉が示すように、いくつかの処理を順序良く一つずつ処理することです。並列処理とは、並列に処理できる部分を同時に並行実行します。この例では、処理Bが並列化可能な処理であるとします。

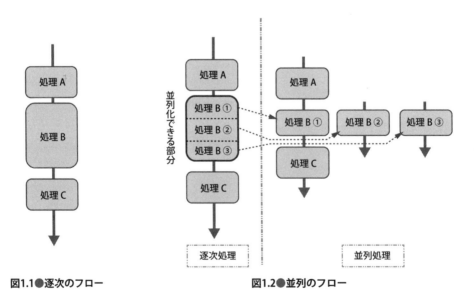

図1.1●逐次のフロー　　　　　　　　図1.2●並列のフロー

1

■ 逐次と並列のスレッド

逐次処理は、ひとつのスレッドで全処理を順序良く処理することです。並列処理とは、並列に処理できる部分をスレッドに分割して並列実行します。

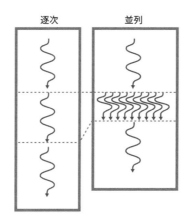

図1.3●逐次と並列のスレッド

1.3 プロセス・スレッドによる並列

並列化をプロセスとスレッドから分類します。スレッドはコンテキストを切り替えず同一プロセス内で並列処理を実現します。つまり、1つのプログラム内で並列化を実現します。

プロセスを並列化させる方法は、完全に分離された複数のプログラムが協調しながら1つの目的を達成します。プロセスを分離すると、プログラムは論理的に分離された空間で動作するため、並列化された部分は疎結合となり競合などの問題が低減されます。プロセスは、メッセージを使ってデータやコマンドを交換するため、スレッドに比べデータ交換速度は低速ですが、プロセスが同一コンピュータ内に存在する必要はありません。このため、スレッドによる並列化に比べスケーラビリティは高く、自由度は高くなります。

スレッドによる並列化は、同一プロセス内で並列処理を行います。同一コンテキストで動作するため情報交換は高速です。また、同一メモリ空間で動作するため高速な並列処理が実現できます。ただし、データアクセスで競合などが起こります。プロセスによる並列化に比べて同期処理が煩雑になるでしょう。本書で扱うのはスレッドによる並列化です。プロセスによる並列化と、スレッドによる並列化の概念図を次に示します。

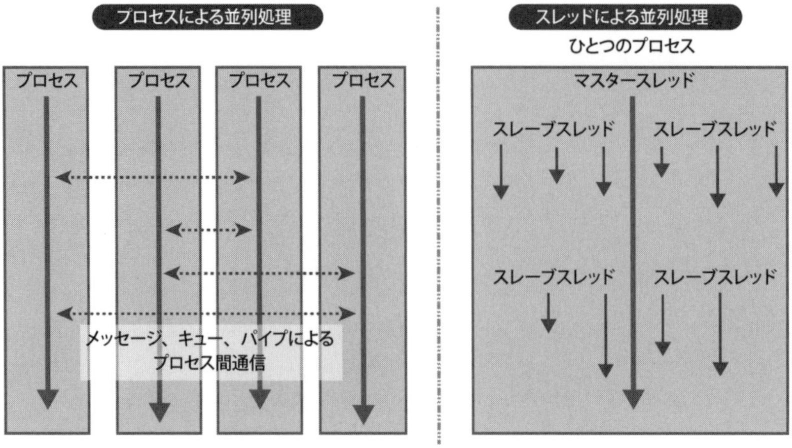

図1.4●プロセスによる並列化とスレッドによる並列化の概念図

1.4 並列化する目的

プログラムを並列化する理由は1つではありません。以降に代表的な目的を箇条書きにします。

- UI（ユーザーインターフェース）の向上
- CPU ブロック防止
- 性能向上

C# で良く使われる並列化は、UI(ユーザーインターフェース)の向上や CPU ブロックの防止です。シングルスレッドのプログラムは、1つの作業を行っている際に別の要求を受け付けられません。これではプログラムの使い勝手の悪いシステムになってしまいます。このため、並列処理を導入し、UI がフリーズするのを回避します。あるいは、ネットワークや外部 I/O など、応答の遅い外部アクセスが CPU をブロックしてしまい、プログラムがフリーズするような挙動を示す場合があります。これも複数のスレッドを起動し、それぞれの処理を行わせることによって優れた UI を持つシステムを提供します。または、単純な外部 I/O 待ちだけである場合は、当該処理の完了をコールバックやシグナルで受け取る非同期処理の導入で解決する場合もあります。本書は、上記の両方のケースを網羅します。

1

　さらに別の目的は、性能向上を目指した並列化です。一昔前まで、コンピュータのCPUは基本的に1つでした。正確には、大型コンピュータでは複数のCPUを搭載したものは古くからあり、デスクトップコンピュータでも複数のCPUを搭載したものは存在しましたが、それらはほんのわずかでした。しかし、現在では、一般の人々が使用するデスクトップコンピュータやノートPCにも複数のCPU（CPUコア）が搭載されています。このような環境で、すべてのCPUを有効に活用できれば処理速度を驚異的に向上できます。

　これらの様子を図にして示します。

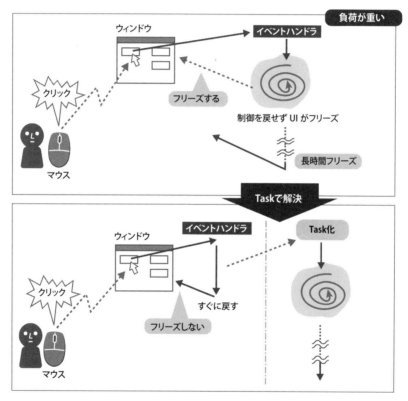

図1.5●UIの向上・負荷が重い場合

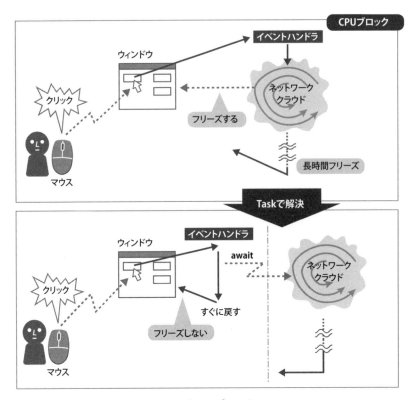

図1.6●CPUブロック

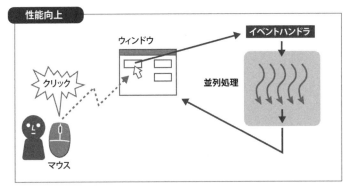

図1.7●性能向上

1.5　並列化の課題

　並列化によるメリットはすでに述べた通りです。プログラムの高速化はもちろん、使い勝手も良くなります。さらには、消費電力を増大させることなく性能を向上できます。並列化は、多くの利点を持つ高速手法ですが、良いことばかりではありません。本節では並列化の課題を示します。単にデメリットではなく、並列化による影響についても述べます。

■ オーバーヘッド

　プログラムを並列化するには、そのための準備が必要になります。これを一般的に、並列化のオーバーヘッドと呼びます。あまりにもオーバーヘッドが大きいと、並列化による速度向上分が相殺され、その結果、並列化したことでかえって遅くなってしまうことさえあります。

■ アクセス競合

　プログラムを並列化するとさまざまな問題が起こります。その1つとして、並列化された部分からデータアクセスすると、複数の部分が同時に動作するためデータアクセスの衝突が発生します。これによって、正常な結果が得られない場合があります。

　逐次プログラムでは何の問題も起きない処理が、並列化したために問題を引き起します。プログラムを単純に並列化する場合、性能向上を云々する以前に、正しく処理が行われるか検証する必要があります。例えば、並列に処理する部分で共通のデータを使用する場合、次に示すような方法で処理やデータアクセスが競合しないようにする必要があります。

- 並列化された各コードから排他的にデータアクセスする
- データを複製し、各並列化部を隔離する
- 並列化コードを順番に動作させる

本書では、データアクセス競合についても解説します。

■ 複雑化

　基本的に、人間は物事を時系列に捉えるのは得意というか自然なことです。並列処理では、時間の捉え方を変えなければなりません。プログラムコードが、記述されたように上から下へ、順番に実行されると考えてはなりません。さらに、同一時間に複数のコードが動作するため、データアクセスの競合も気を付けなければなりません。処理順に依存性がある場合やデータ間に依存

がある場合、同期処理が必要です。

逐次プログラムの場合、プログラムは制御が移った順に処理されます。このため、課題を理論通り処理するだけです。ところが、並列化したプログラムでは、複数のブロックが同時に動作するため、処理順に依存性がある場合はそれらを制御しなければなりません。このように、逐次プログラムでは不要だった諸々の同期処理や排他制御などが必要です。これを誤ると、正常な結果は得られません。

並列化を利用するとシステムを使いやすく、また高速化できますが、「データアクセス競合」や「同期処理」を適切に実装しないと、使い勝手や性能以前に処理結果が正常でないという、まったく意味のないことになってしまいます。これらは逐次プログラムでは、まったく必要のなかった処理です。これだけでなく、並列化部分の通信や、前処理や後処理も必要になります。

基本的に、並列処理は逐次処理に比べ、はるかに複雑度が増します。結果、不具合が増えるだけでなく、開発工数の増大を招きます。開発増大は、開発期間、ひいては開発コストの増大も招きかねません。

■ スケーラビリティの喪失

一般的に、スレッド分割などをプログラマが意識してプログラミングすると、システムを変更したときに最適な分割にならない場合があります。

ただ、.NET の機能を使用して開発したプログラムはスケーラビリティを持ちます。たとえば、CPU が 2 つあるパソコンで並列化したプログラムを実行すると、CPU が 1 つのパソコン上で実行した場合の 2 倍の性能を示します。さらに CPU が 16 個のパソコンで並列化したプログラムを実行すると、CPU が 1 つのパソコン上で実行した場合の 16 倍の性能を示します。ただし、これは理想的な場合であり、実際にはまずこれほどの性能向上は達成できません。

もっとも、プログラム全体では、ほとんどの場合で CPU 数に比例して高速化することはありません。この原因の最も大きな理由は、並列化されているコードがプログラム全体の一部に留まるためです。これを示す理論が、有名なアムダールの法則です。また、並列化したコードであっても、オーバーヘッドやデータ競合などによってプログラムの性能は低下する場合があります。

■ ポータビリティの喪失

並列化プログラムは、CPU 依存やコンパイラ依存が存在します。どの程度、汎用性を持たせ、ポータビリティを向上させるかを考えなければなりません。性能を限界まで最適化すると、自ずとシステム依存せざるを得ません。これが並列化の欠点の 1 つです。

ただ、.NET の機能や C# を用いたプログラムは、抽象化が高いため、一般の並列化に比べポータビリティを喪失する可能性は高くありません。それでもポータビリティをまったく喪失しないとは言い切れません。

　このような、システム依存のあるプログラムは、他の環境へ移行する場合、何らかの手を加えなければなりません。運が悪いと、単に命令やインターフェースを書き換えるだけでなく全体を作り直す必要もあります。ポータビリティと性能のバランスを、どの程度でバランスさせるかは重要な課題です。

1.6　タスク並列ライブラリ（TPL）概論

　タスク並列ライブラリ（Task Parallel Library、TPL）は、.NET Framework 4 で追加されました。これまでもタスクやスレッドに対応したクラスは存在しましたが、.NET Framework 4 以降では、マルチスレッドや並列処理プログラムの開発では TPL の利用を推奨します。

　TPL は、.NET Framework 4 の System.Threading 名前空間および System.Threading.Tasks 名前空間におけるパブリック型と API のセットです。TPL は、並列処理プログラムをより容易に、かつ柔軟に記述できるように用意され、プログラマの生産性とプログラムの性能、スケーラビリティを向上させます。TPL は、並列化すべきかどうかの判断および並列化数を自動で決定し、プロセッサの処理能力を有効に活用します。プログラマは決められた作法にのっとって TPL を利用することで、最適なプログラムを開発できます。

　TPL によって、タスク並列では記述や起動負荷を軽減し、データ並列ではスケーラビリティや粒度の小さな並列化へ容易に対応できます。

スレッドセーフ

　.NET Framework のすべての public static なメソッド、プロパティ、フィールド、およびイベントは、マルチスレッド環境における同時アクセスをサポートします。このため、.NET Framework のすべての静的メンバは 2 つのスレッドから同時に呼び出せます。競合状態、デッドロック、またはクラッシュが発生することはありません。

　.NET Framework のすべてのクラスと構造体については、リファレンスドキュメントでスレッドセーフに関するセクションを調べ、スレッドセーフであるか確認してください。スレッドセーフでないクラスをマルチスレッド環境で使用する場合、必要な同期構造を実現するコードでそのクラスのインスタンスをラップする必要があります。

　コントロールは一般的にスレッドセーフでないため、フォームを生成したスレッド以外からのアクセスには注意が必要です。これについては後述します。

以降に、並列処理と同期の代表的な組み合わせなどを分かりやすく整理して示します。C# は並列処理をいくつかのクラスで記述できますが、ここでは主に使われている Task クラスで説明します。

■ 単純なスレッド（戻り値も引数もない）

まず、戻り値も引数もないスレッドを紹介します。

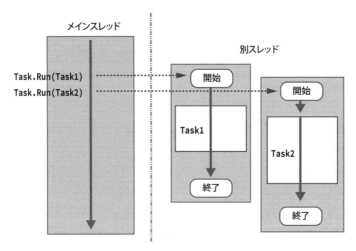

図1.8●戻り値も引数もないスレッドを起動する例

非同期に動作するため、Task1、Task2、そしてメインスレッドの実行順に相関はありません。言いかえると相関のある処理を非同期、かつ終了監視も行わずスレッド化するのは危険です。単純なプログラム以外、このような方式が使用されることは稀です。

■ async/await

await を指定し、そのスレッドが終了するまで以降の処理を待機させます。await を指定したブロックが終了するまで、await 以降の処理はブロックされます。ただし、メインスレッドはブロックされず、そのほかの処理を継続できます。Wait メソッドや戻り値の参照と違い、呼び出し元のスレッドは待機に入らず、await 以降の処理はスレッド終了後、非同期に呼び出されます。C# で並列処理と、非同期処理を実現したい場合、ほとんどのケースを、この方法で記述できます。

async/awaitは、CPUを占有する処理、あるいはCPUをブロックするような処理に応用できます。まず、負荷が重くCPU占有でUIがフリーズするのを避ける様子を示します。

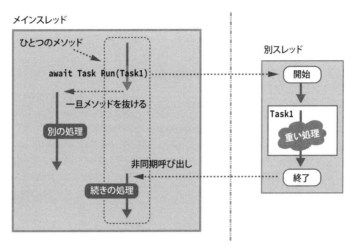

図1.9●CPU占有を避ける

以降に、サーバーとクライアントで通信するようなブロッキング処理で、CPUがブロックされるのを避ける例を示します。

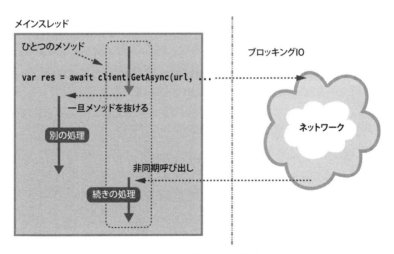

図1.10●CPUブロックを避ける

async/awaitを利用したメソッドは、同期的に動作します。Task.Runなどで起動したスレッドが完了したときに、これと同期しなければならない上記の「続きの処理」が突然非同期に呼び出されるだけであって、メソッド自体は秩序を持って同期的に動作します。

■ 戻り値のあるスレッド

スレッドの戻り値をアクセスする例を示します。

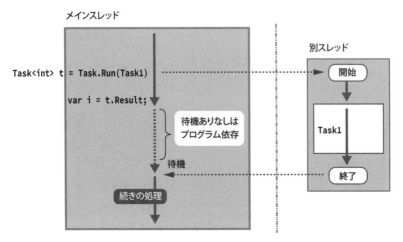

図1.11●スレッドの戻り値をアクセスする例

　値を返すメソッドを Run メソッドで起動し、その戻り値を参照すると、そのスレッド終了まで待ち、戻り値を受け取ります。肝心なのは、スレッドの戻り値を参照する時間軸です。Result プロパティを参照するには、当然そのスレッドが終了していなければなりません。当該スレッドが終了していない時は、Result プロパティを参照した時点でスレッドが終了するまで待たされます（同期する）。既に終了していれば、すぐに Result プロパティを参照できます。もし Task.Run した直後で、Result プロパティを参照すると、ほとんど並列処理とはなりません。単に Task.Run に指定した処理が、別のスレッドで実行されるだけです。

　先の async/await を利用したコードは「待ち」時間がありませんが、戻り値を参照するコードは、タイミングによって待ち時間が発生します。あるいは、既に完了しているにもかかわらず、結果の反映までしばらく時間が経過する場合があります。

■ 引数のあるスレッド

　Task.Run メソッドの引数に指定するメソッドは引数を持てません。このため、引数を指定できるメソッドを呼び出したい場合は、ラムダ式を使う必要があります。

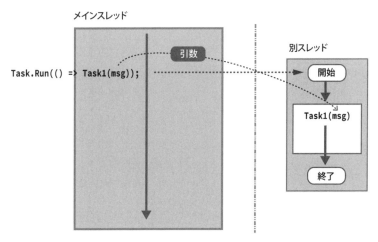

図1.12●引数を指定できるメソッドを呼び出したい場合

　Task.Run メソッドの引数に、ラムダ式でメソッドをインラインで記述する場合、呼び出し元のスコープで動作しますので、ほとんどのオブジェクトを参照できます。特段、引数の形で渡す必要はありません。具体例は、後述しますので、そちらを参照してください。

■ 任意のスレッドと同期

　任意のスレッドの終了を待ってから、次の処理に移る方法を紹介します。これには、Wait メソッド、戻り値を参照する方法、await を Task.Run の前に付ける方法の3通りがあります。

(1) Wait メソッド

　まず、Wait メソッドで同期する方法を示します。この例では、メインスレッドは t0（Task1）と同期します。

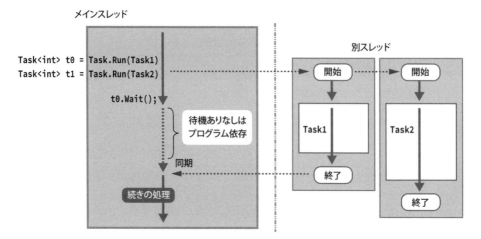

図1.13●Waitメソッドで同期する例

Wait メソッドを async/await と同時に使用すると、簡単にデッドロックを引き起こします。これについては詳しく後述します。なるべくなら、await したものを Wait メソッドで同期するのは避ける方が良いでしょう。

(2) 戻り値

値を返すメソッドを Run メソッドで起動し、その戻り値を参照すると、そのスレッド終了まで待ちます。この例では、メインスレッドは t1（Task2）の戻り値を参照します。

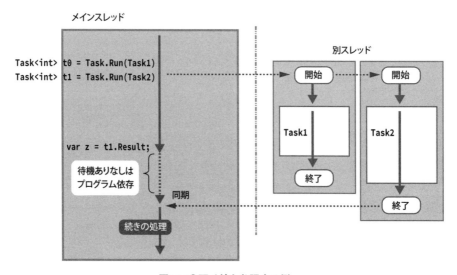

図1.14●戻り値を参照する例

■ 全てのスレッドと同期

　複数のスレッドを Task.WaitAll メソッドの引数に指定すると、それら全てのスレッドが終了するまで待機します。複数のスレッドは配列に格納し、その配列を Task.WaitAll メソッドの引数に指定しても同様です。

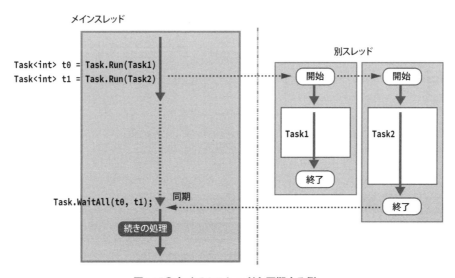

図1.15●すべてのスレッドと同期する例

■ 任意のスレッドと同期

複数のスレッドを Task.WaitAny メソッドの引数に指定すると、指定したいずれかの Task の実行が終了するまで待機します。複数のスレッドは配列に格納し、その配列を Task.WaitAny メソッドの引数に指定しても同様です。

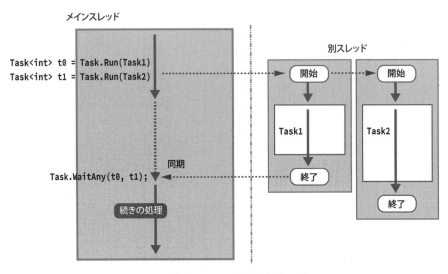

図1.16●任意のスレッドと同期する例

■ まとめ

並列処理と同期の代表的な組み合わせを紹介しましたが、async/await の方法だけで、ほとんどのプログラムは間に合うでしょう。

第2章

並列処理

　C# における並列処理の目的は、大きく分けて 2 つに分類できます。1 つは、いわゆる性能を向上させるための並列処理です。もう 1 つは、ユーザーインターフェース（UI）の向上です。.NET（.NET Framework）もハードウェアや環境の進化に合わせ、両方に対応した機能拡張がなされています。本書では、おもに UI の向上にフォーカスした並列化について説明します。

2.1 スレッドの基本

　最も基本的なスレッドの例を示します。

■ シンプルスレッド（Task クラスで記述）

　本節では、最も単純と思われる C# でスレッドを使用するプログラムについて解説します。一昔前までは Thread クラスを用いてスレッドを生成しましたが、現在ではタスク並列ライブラリ（Task Parallel Library、TPL）を使用することを推奨します。TPL を使用すると簡単にスレッドを生成し並列プログラムを開発できます。以降に、プログラムのソースリストを示します。

リスト2.1●Program.cs（010 Parallels¥01Basics¥01TaskLambda¥）

```
using System;
using System.Threading.Tasks;

namespace ConsoleApp
{
    internal class Program
    {
        static void Main(string[] _)
        {
            Task.Run(() => {
                for (int i = 0; i < 1024; i++)
                {
                    Console.Write("1");
                }
            });
            for (int i = 0; i < 1024; i++)
            {
                Console.Write("2");
            }
        }
    }
}
```

　メインスレッド
　別スレッド
　メインスレッド

　ラムダ式と Task.Run メソッドを使用し、スレッドを生成します。並列処理をラムダ式で記述し、Task.Run メソッドの引数として与え、起動も同時に行います。このように記述すると、スレッドをメソッドで記述する必要はなく、非常に単純化されます。網掛けした部分は、メインスレッドとは並列に動作する別スレッドです。ラムダ式はデリゲートを指定する部分に記述できるため、メソッドを分離して記述せず簡便に記述できます。さらに、ラムダ式を用いるとメソッド内の変数にアクセスできるため、パラメータの引き渡しや戻り値にメソッド内の変数を使用できます。

　一般的に、並列処理を記述したい場合、このような記述方法を理解しておくと、Thread クラスやデリゲートなどを知らなくてもプログラムを開発できるでしょう。とはいえ、同期処理や非同期処理、そして引数や戻り値が必要な場合もありますので、それらについては追々解説します。上記プログラムの動作概要を図で示します。

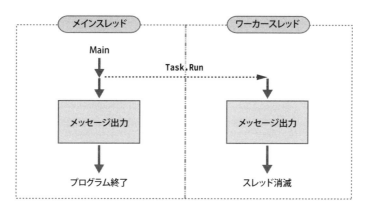

図2.1●動作概要

　実行すると、メインスレッドとワーカースレッドの出力文字が不規則に混在して出力されます。また、同期処理なども行っていないため、プログラムの終了とスレッドの終了の関係は保障されません。

```
2222222222222221111111…111…22222222…222222211111…1111…111111
```

　「1」と「2」が不規則に表示されます。同期処理などは行っていませんので、出力される文字数も順序も不定です。

Task クラス

　Task クラスは、値を返さない単一の操作を表し、通常は非同期で実行されます。Task オブジェクトは、.NET Framework 4 で導入され、タスクベースの非同期パターーンの中心的なコンポーネントの１つです。Task オブジェクトによって実行される作業は、通常メインスレッドではなく、スレッドプールスレッドで非同期的に実行されます。Task の状態は、Status プロパティ、および IsCanceled、IsCompleted、および IsFaulted プロパティを使用して判断できます。一般的には、ラムダ式を使用して、タスクが実行する作業を指定します。値を返す操作には、Task<TResult> クラスを使用します。

■ Task.Factory.StartNew で記述

先のプログラムの Task.Run メソッドを、Task.Factory.StartNew メソッドへ書き換えたものを示します。これから C# を利用する人は、この方法を学習する必要性は低いと思われますので、読み飛ばしても構いません。以降に、プログラムのソースリストを示します。

リスト2.2●Program.cs （010 Parallels¥01Basics¥02StartNewLambda¥）

```csharp
using System;
using System.Threading.Tasks;

namespace ConsoleApp
{
    internal class Program
    {
        static void Main(string[] _)
        {
            Task.Factory.StartNew(() => {
                for (int i = 0; i < 1024; i++)
                {
                    Console.Write("1");
                }
            });
            for (int i = 0; i < 1024; i++)
            {
                Console.Write("2");
            }
        }
    }
}
```

― メインスレッド

― 別スレッド

― メインスレッド

TPL の登場以降、Task.Run メソッドを Task.Factory.StartNew メソッドへ変更する必要性はないでしょう。ただ、同様の処理を他の方法で記述できることを示します。動作などは、先のプログラムと同じです。

ラムダ式をメソッド化

最初のプログラムは Task.Run メソッドへラムダ式を与えました。Task.Run メソッドへデリゲートを与えると記述がコンパクトになり、余計なメソッドを定義する必要がありません。Task.Run メソッドへデリゲートを与えますが、デリゲートの指定は省略できますので直接メソッド名を指定します。また、デリゲートを与えた場合、スコープが分離されるためカプセル化されます。た

だし、使い捨てメソッドの場合、余計なシンボルが増えます。逆に言うと、スコープが異なるため、オブジェクトへの参照が引数経由になるなど簡便に記述できないデメリットもあります。つまり、一回しか利用しない使い捨てメソッドであればTask.Runメソッドへラムダ式を与える方が良いでしょう。しかし、並列処理を行う部分をメソッド化し、複数回利用する場合は並列処理をメソッド化し、一回の記述で済ませられます。以降に、並列処理部分をメソッド化したプログラムのソースリストの一部を示します。

リスト2.3●Program.csの一部 （010 Parallels¥01Basics¥03TaskRunMethod¥）

```
private static void WriteOne()
{
    for (int i = 0; i < 1024; i++)
    {
        Console.Write("1");
    }
}

static void Main(string[] _)
{
    //Task.Run(new Action(WriteOne));
    Task.Run(WriteOne);
    for (int i = 0; i < 1024; i++)
    {
        Console.Write("2");
    }
}
```

　並列処理部をWriteOneメソッドで記述します。先のプログラムは、Task.Runメソッドへ展開したメソッド自体を与えましたが、ここでは並列で動作させたいメソッド名を与えます。Task.Run(WriteOne);は、省略しない場合Task.Run(new Action(WriteOne));とデリゲートを指定します。このままではラムダ式をメソッド化したメリットが分かりにくいため、メソッドをメインスレッドとワーカースレッドで共用する例を次に示します。

リスト2.4●Program.csの一部 （010 Parallels¥01Basics¥04TaskRunMethod2¥）

```
private static void WriteOne(String msg)
{
    for (int i = 0; i < 1024; i++)
    {
        Console.Write(msg);
```

```
    }
}

static void Main(string[] _)
{
    Task.Run(() => WriteOne("1"));
    WriteOne("2");
}
```

この例では、WriteOne メソッドは、メインスレッドと、Task.Run メソッドの両方から使用されます。このようにメソッドを使い捨てにしない場合は、並列部をメソッド化すると良いでしょう。

■ 明示的に起動

これまでの例は、Task 生成と同時に起動しています。ここでは、明示的に起動する例を示します。以降に、プログラムのソースリストの一部を示します。

リスト2.5●Program.csの一部（010 Parallels¥01Basics¥05Task¥）

```
private static void WriteOne()
{
    for (int i = 0; i < 1024; i++) Console.Write("1");
}

static void Main(string[] _)
{
    //var t = new Task(new Action(WriteOne));
    var t = new Task(WriteOne);     //省略形
    t.Start();
    for (int i = 0; i < 1024; i++)
    {
        Console.Write("2");
    }
}
```

Task の生成と、起動を分離しています。Task の生成は

```
var t = new Task(WriteOne);
```

と省略して記述していますが、デリゲートを明示的に記述するときは、

```
var t = new Task(new Action(WriteOne));
```

と記述します。

■ Threadクラスで記述

　現在ではタスク並列ライブラリ（Task Parallel Library、TPL）を利用できるため、Threadクラスを用いる必要があるとは思えません。しかし、古いシステムや、何らかの理由でTPLを利用できない時のためにThreadクラスを用いてスレッドを生成する方法を解説します。プログラムのソースリストを、以降に示します。

リスト2.6●Program.cs （010 Parallels¥01Basics¥06Thread¥）

```csharp
using System;
using System.Threading;

namespace ConsoleApp
{
    internal class Program
    {
        private static void WriteOne()
        {
            for (int i = 0; i < 1024; i++) Console.Write("1");
        }

        static void Main(string[] _)
        {
            //Thread t = new Thread(new ThreadStart(WriteOne));
            var t = new Thread(WriteOne);
            t.Start();          // start worker thread.

            for (int i = 0; i < 1024; i++)
            {
                Console.Write("2");
            }
        }
    }
}
```

Main メソッドで直ちにスレッドを生成します。正式には、コンストラクターに ThreadStart デリゲートを指定しますが、この例では省略して記述します。Thread の生成は

```
Thread t = new Thread(new ThreadStart(WriteOne));
```

と記述するのが一般的ですが、ここでは省略し、

```
var t = new Thread(WriteOne);
```

と記述し、デリゲートは省略します。

スレッドが作成されると、Thread クラスの新しいインスタンスは、ThreadStart デリゲートを唯一の引数とするコンストラクターを使用して作成されます。Start メソッドで、ThreadStart デリゲートで参照されるメソッドが、別のスレッドとして起動します。つまり、WriteOne メソッドはメインスレッドとは、異なったスレッドとして動作します。プログラムの動作は、Task クラスを使った、これまでのプログラムと同様です。

2.2 引数

引数のあるスレッドの例を示します。

■ スレッドに引数

並列処理部に引数を渡すプログラムの最も単純と思われるものを紹介します。Task クラスの Run メソッドへラムダ式でメソッド自体を与えると、当該メソッド内のオブジェクトを直接参照できます。このため、ラムダ式へ特別な引数を渡さず、呼び出し側に含まれるオブジェクトを参照できます。以降に、ソースリストの一部を示します。

リスト2.7●Program.csの一部　（010 Parallels¥02Parameters¥01LambdaParamRun¥）

```
    ⋮
string msg = "1";
Task.Run(() =>
{
```

```
    for (int i = 0; i < 1024; i++)
    {
        Console.Write(msg);
    }
});

Thread.Sleep(1);
msg = "0";
for (int i = 0; i < 1024; i++)
{
    Console.Write("2");
}
 ┆
```

（コード内注記）─ ワーカースレッド

　まず、スレッドを起動・実行します。起動されたスレッドはラムダ式で記述しているため、メソッド内の msg をスレッドから直接参照できます。この msg の内容を表示します。次に、しばらく Thread.Sleep(1) で待ったのち、msg の値を変更します。そして、メインスレッドでも msg を表示します。上記プログラムの動作概要を図で示します。

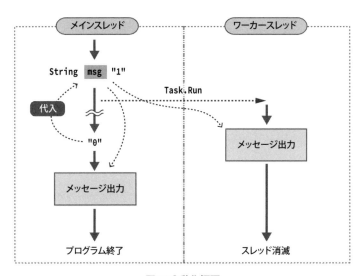

図2.2●動作概要

実行すると、メインスレッドとワーカースレッドの出力文字が不規則に混在して出力されます。

```
1111...1111222222211111110000022222222222200000000000...
```

　まず、「1」と「2」が不規則に表示され、その後、「0」と「2」が不規則に表示されます。これは、メインスレッドは必ず「2」を表示しますが、ワーカースレッドは msg の値を表示するためです。msg の値は、最初「1」ですが、途中でメインスレッドが「0」へ書き換えます。

　このような例では、参照する値は実行時に評価されます。簡単に値を参照できますが、値が途中で変わるときは、そのような使い方を、つまり競合に気を付ける必要があります。並列処理を起動したときに値が評価され、以降変更されない方法は後述します。

　同期処理などは行っていませんので、表示順は不定です。かつ、メインスレッドがワーカースレッドの出力前に終了すると、ワーカースレッドの表示が中断される場合もあります。

■ 明示的に起動

　先のプログラムは、Task 生成と同時に起動していました。ここではスレッドを明示的に起動する例を示します。以降に、プログラムのソースリストの一部を示します。

リスト2.8●Program.csの一部（010 Parallels¥02Parameters¥02LambdaParam¥）

```
  ：
string msg = "1";
Task t = new Task(() =>
{
    for (int i = 0; i < 1024; i++)
    {
        Console.Write(msg);
    }
});
t.Start();

Thread.Sleep(1);
msg = "0";
for (int i = 0; i < 1024; i++)
{
    Console.Write("2");
}
  ：
```

　変更部分へ網掛けしています。動作は、先のプログラムと同様です。Task の起動を任意に制御したい場合や、複数回別の場所で起動したい場合などには、ここで示すように Task 生成と起動を分離した方が良いでしょう。そうでない場合は、ここで示した方法を使用する必要性はなさそうです。

■ 引数・起動時に評価

これまでの例は、メインスレッドとワーカースレッドの両方から同じオブジェクトを参照しています。このため、オブジェクトの内容を変更すると両方のスレッドが影響を受けます。ここではラムダ式に引数を与え、Task起動時に値が評価され、以降オブジェクトの値が変更されても影響を受けない例を示します。以降に、ソースリストの一部を示します。

リスト2.9●Program.csの一部（010 Parallels¥02Parameters¥03LambdaParam2¥）

```
    ⋮
string msg = "1";
new Task((word) =>
{
    for (int i = 0; i < 1024; i++)
    {
        Console.Write(word);
    }
}, msg).Start();

Thread.Sleep(1);
msg = "0";
for (int i = 0; i < 1024; i++)
{
    Console.Write("2");
}
    ⋮
```

まず、スレッドを起動・実行します。起動されたスレッドはラムダ式で記述しているため、メソッド内の msg フィールドを word で受け取ります。この値は、受け取ったときに評価され、以降メインスレッドのオブジェクトが変更されても、ワーカースレッドは影響を受けません。

Task の生成は、new Task((word) => と省略して記述しています。以降 Task を参照することはないため、Task t = new Task((word) => と記述する必要はありません。上記プログラムの動作概要を図で示します。

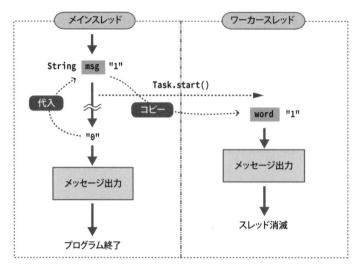

図2.3●動作概要

　Taskの生成・起動時に引数をTaskへ渡します。このとき、msgの内容がwordへコピーされるため、値の評価はTask起動時に行われます。メインスレッドは、Taskを起動したのち、Thread.Sleep(1)でしばらく待ったのち、msgの値を変更します。この変更はワーカースレッドに影響を与えません。

　実行すると、メインスレッドとワーカースレッドの出力文字が不規則に混在して出力されます。

```
1111...11111112222...
```

　「1」と「2」が不規則に表示されます。msgの値は、最初「1」ですが、途中でメインスレッドが「0」へ書き換えます。しかし、ワーカースレッドへ影響はありません。これは、メインスレッドがワーカースレッドへ渡した引数の値は、スレッド起動時に評価されるためです。

■ 並列処理をメソッドで記述

　先のプログラムをTask.Runメソッドへ書き換え、さらに並列処理をメソッド化したものを示します。以降に、ソースリストの一部を示します。

リスト2.10●Program.csの一部（010 Parallels¥02Parameters¥04TaskRunParam¥）

```
  ⋮
static void Main(string[] _)
{
```

```
    var msg = "1";
    Task.Run(() => proc(msg));

    Thread.Sleep(1);
    msg = "0";
    proc("2");
}

private static void proc(object param)
{
    for (int i = 0; i < 1024; i++)
    {
        Console.Write(param);
    }
}
    ⋮
```

　並列処理部を proc メソッドへ分離し、Task.Run メソッド経由とメインスレッドから直接呼び出します。同じメソッドが2つのスレッドで並列実行し、表示する値も異なります。直前のプログラムとまったく同じ動作ですが、記述方法が異なります。

■ Task.Factory.StartNew

　先のプログラムの Task.Run メソッドを、Task.Factory.StartNew メソッドへ書き換えたものを示します。これから C# を利用する人は、この方法を学習する必要性は低いと思われますので、読み飛ばしても構いません。以降に、ソースリストの一部を示します。

リスト2.11●Program.csの一部　（010 Parallels¥02Parameters¥05StartNewParam¥）

```
    ⋮
static void Main(string[] _)
{
    var msg = "1";
    Task.Factory.StartNew(() => proc(msg));

    Thread.Sleep(1);
    msg = "0";
    proc("2");
}

private static void proc(object param)
```

```
{
    for (int i = 0; i < 1024; i++)
    {
        Console.Write(param);
    }
}
 ⋮
```

TPL の登場以降、Task.Run メソッドを Task.Factory.StartNew メソッドへ変更する必要性はないと思いますが、同様の処理を、ほかの記述で実現できることを示します。動作は、これまでと同様です。

■ Thread クラスで記述

現在では TPL を利用できるため、Thread クラスを用いる必要があるとは思えません。古い環境を使用しなければならない場合や、特別な理由がない限り、Thread クラスを利用する必要はないでしょう。念のため、Thread クラスを用いてスレッドへ引数を渡す例も解説しますが、必要と思われない人は読み飛ばして結構です。以降に、ソースリストの一部を示します。

リスト2.12●Program.csの一部 （010 Parallels¥02Parameters¥06ThreadParam¥）

```
 ⋮
public class CThread
{
    private readonly string msg;

    public CThread(string msg)
    {
        this.msg = msg;
    }

    public void WThread()
    {
        for (int i = 0; i < 1024; i++)
        {
            Console.Write(msg);
        }
    }
}

internal class Program
```

```
{
    static void Main(string[] _)
    {
        var msg = "1";
        CThread PThread = new CThread(msg);
        new Thread(new ThreadStart(PThread.WThread)).Start();

        CThread SThread = new CThread("2");
        Thread.Sleep(1);
        msg = "0";
        SThread.WThread();
    }
}
 ⋮
```

　Main メソッド内で CThread クラスのインスタンスを 2 つ生成します。PThread は並列処理用、SThread はメインスレッドで実行するインスタンスです。CThread クラスのインスタンス PThread の WThread メソッドを起動します。

```
new Thread(new ThreadStart(PThread.WThread)).Start();
```

と記述していますが、正確には

```
Thread t = new Thread(new ThreadStart(PThread.WThread));
t.Start();
```

と記述する方がわかりやすいでしょう。Thread のコンストラクターに ThreadStart デリゲートを指定しますが、この例では省略して記述します。また、スレッドの起動も、スレッド生成ステートメントと分離します。

　スレッドが作成されると、Thread クラスの新しいインスタンスは、ThreadStart デリゲートを唯一の引数とするコンストラクターを使用して作成されます。Start メソッドで、ThreadStart デリゲートで参照されるメソッドが、別のスレッドとして起動します。つまり、PThread インスタンスの WThread メソッドはメインスレッドとは、異なったスレッドとして動作します。また、SThread インスタンスの WThread はメインスレッドで動作します。プログラムの動作は、Task クラスを使った、これまでのプログラムと同様です。

　このプログラムはスレッドを、同一クラス内のメソッドとしてではなく、独立したクラスとして実装します。Main メソッドに制御が渡るとクラスのオブジェクトを生成します。このとき、コ

ンストラクターに引数を与えます。クラスのコンストラクターは、渡された引数を内部メンバに保存します。この後、クラスのオブジェクトに含まれるメソッドをスレッドとして生成します。スレッドは、コンストラクターで渡された値をメソッドから参照します。このような方法を採用すると、スレッドに値を渡すことができます。

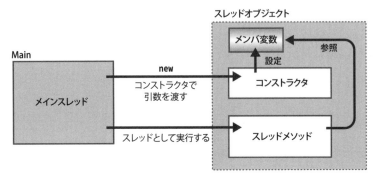

図2.4●処理概要

2.3 戻り値

戻り値のあるスレッドの例を示します。

■ 戻り値

並列処理部から値を受け取るプログラムを紹介します。Task クラスの Run メソッドへラムダ式を与えます。以降に、ソースリストを示します。

リスト2.13●Program.cs（010 Parallels¥03Returns¥01TaskReturn¥）

```csharp
using System;
using System.Threading.Tasks;

namespace ConsoleApp
{
    internal class Program
    {
        static void Main(string[] _)
```

```
        {
            Task<int> task = Task.Run(new Func<int>(() =>
            //var task = Task.Run(new Func<int>(() =>
            //Task<int> task = Task.Run((() =>
            {
                var sum = 0;
                for (int i = 0; i < 16; i++)
                {
                    sum += i;
                    Console.Write($"{i}+");
                }
                Console.Write("\b \b");
                return sum;
            }));
            Console.WriteLine($" = {task.Result}.");
        }
    }
}
```

　Task<int> は int 型の戻り値を返します。戻り値はタスク名 .Result（この例では task.Result）へ格納されます。このタスクは、0 〜 15 までの値を積算した値を返す単純なプログラムです。戻り値を Console.WriteLine メソッドで表示しますが、task.Result の値が確定するまでメインスレッドはブロックされます。このように、ワーカースレッドと同期したい場合、スレッドの戻り値を参照するのは良い方法です。同期処理機構を組み込みたい場合、Task を void ではなく戻り値を持つようにすると、簡単に同期できます。上記プログラムの動作概要を図で示します。

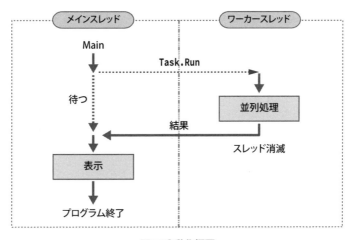

図2.5●動作概要

実行結果を次に示します。

```
0+1+2+3+4+5+6+7+8+9+10+11+12+13+14+15 = 120.
```

C# のバージョンに依存しますが、

```
Task<int> task = Task.Run(new Func<int>(() =>
```

は、

```
var task = Task.Run(new Func<int>(() =>
```

や

```
Task<int> task = Task.Run((() =>
```

のように省略して記述して構いません。

ラムダ式の部分をデリゲートとして別にしたものを示します。

```
    ⋮
static void Main(string[] _)
{
    Func<int> value = () =>
    {
        var sum = 0;
        for (int i = 0; i < 16; i++)
        {
            sum += i;
            Console.Write($"{i}+");
        }
        Console.Write("¥b ¥b");
        return sum;
    };

    Task<int> task = Task.Run(new Func<int>(value));
    Console.WriteLine($" = {task.Result}.");
```

```
    }
    ⋮
```

あるいは、ラムダ式の部分を完全に別メソッド化したものも示します。

```
    ⋮
private static Task<int> NewMethod()
{
    var task = Task.Run(new Func<int>(() =>
    {
        var sum = 0;
        for (int i = 0; i < 16; i++)
        {
            sum += i;
            Console.Write($"{i}+");
        }
        Console.Write("¥b ¥b");
        return sum;
    }));
    return task;
}

static void Main(string[] _)
{
    Task<int> task = NewMethod();
    Console.WriteLine($" = {task.Result}.");
}
    ⋮
```

記述方法が異なるだけで、すべて同じことを行っています。

■ Thread クラス

前節と同じ内容のプログラムを従来の Thread クラスで開発してみましょう。現在では TPL を利用できるため、Thread クラスを用いる必要があるとは思えません。古い環境を使用しなければならない場合や、特別な理由がない限り、Thread クラスを利用する必要はないでしょう。念のため、Thread クラスを用いてスレッドへ引数を渡す例も解説しますが、必要と思われない人は読み飛ばして構いません。

スレッドからデータを取得するには、コールバックメソッドを使用します。スレッドメソッド

を、呼び出し側と同一クラスで実装せず、独立したクラスのメソッドとして実装します。このプログラムでは、スレッドクラス（オブジェクト）のコンストラクターで、通知メソッドを表すデリゲートを受け取ります。

　スレッドメソッドの最後で通知デリゲートを呼び出し、メインスレッドへ通知します。デリゲートを呼び出すときに null かチェックした方がよいのですが、このメソッドでは例外を捕捉しているため null チェックは省略します。デリゲートの生成はメインスレッドで行います。プログラムのソースリストを次に示します。

リスト2.14●Program.cs （010 Parallels¥03Returns¥02ThreadReturn¥）

```csharp
using System;
using System.Threading;
using System.Threading.Tasks;

namespace ConsoleApp
{
    // スレッドクラス
    public class CThread
    {
        private readonly Action<int> callback;

        // コンストラクター
        public CThread(Action<int> callbackProcDelegate)
        {
            callback = callbackProcDelegate;
        }

        public void WThread()
        {
            try
            {
                var sum = 0;
                for (int i = 0; i < 16; i++)
                {
                    sum += i;
                    Console.Write($"{i}+");
                }
                Console.Write("¥b ¥b");
                callback(sum);
            }
            catch (ThreadAbortException)
```

```
            {
                Console.WriteLine("failed ThreadAbortException occur.");
            }
        }
    }

    internal class Program
    {
        static void Main(string[] _)
        {
            CThread PThread = new CThread(new Action<int>(CompleteCode));
            Thread thread = new Thread(new ThreadStart(PThread.WThread));
            thread.Start();
        }

        // call back
        public static void CompleteCode(int completeCode)
        {
            Console.WriteLine($" = {completeCode}.");
        }
    }
}
```

　Main メソッドで、まずスレッドオブジェクトの生成を行います。このとき、スレッドオブジェクトのコンストラクターにデリゲートを渡します。スレッドオブジェクトのコンストラクターは、渡されたデリゲートを内部に保存します。このデリゲートを使用してスレッドの処理結果をメインスレッドに通知します。このような方法を採用すると、メインスレッドからワーカースレッドへ、そして逆方向のワーカースレッドからメインスレッドへ情報を渡すことができます。

　メインスレッドとワーカースレッド間のデータの受け渡しにクラスの内部フィールドを使用すると、スレッド間の同期が必要になります。本節のようなシンプルなプログラムでは簡単に実装できますが、多数のスレッドを生成するようなプログラムでは、同期処理が複雑になって処理がブロックされやすくなり、性能低下を招く場合があります。図に、このプログラムの動作シーケンスを示します。

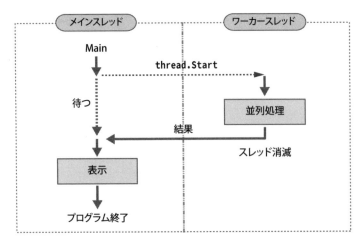

図2.6●動作シーケンス

オブジェクト間の概念図を次に示します。

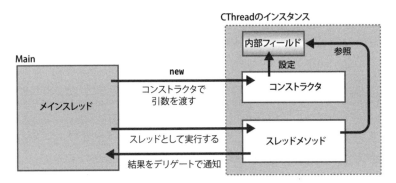

図2.7●オブジェクト間の概念図

実行結果を次に示します。

```
0+1+2+3+4+5+6+7+8+9+10+11+12+13+14+15 = 120.
```

クラスのインスタンス生成と、スレッドメソッドを以下のように記述していますが、

```
CThread PThread = new CThread(new Action<int>(CompleteCode));
Thread thread = new Thread(new ThreadStart(PThread.WThread));
```

下記のように簡略化しても構いません。

```
CThread PThread = new CThread(CompleteCode);
Thread thread = new Thread(PThread.WThread);
```

C# のバージョンに依存しますが、冗長な部分はバージョンアップのたびに簡略化して記述できます。ただし、省略して記述するのが良いのか、正確に記述するのが良いかは疑問が残ります。後々のことを考えると、明示的に記述した方が理解に役立つ可能性があります。

■ Task 戻り値

まず、正常な例を示します。下記のように、戻り値は string ですが、メソッドは Task<string> なので奇異な感じを受ける人もいるでしょう。これは、メソッドに async が指定されているので、戻り値はTaskでラップされるためです。よって、return "messages"; は Task<string> を返します。

リスト2.15●Program.csの一部（010 Parallels¥03Returns¥11TaskReturn¥）

```
    ⋮
static async Task Main(string[] _)
{
    string str = await Method();
    Console.WriteLine($"{str}");
}

private static async Task<string> Method()
{
    await Task.Delay(5000);
    return "messages";
}
    ⋮
```

このプログラムを、次のように記述したくなる人もいるでしょう。

```
    ⋮
private static Task<string> Method()
{
    Thread.Sleep(5000);
    return "Hello";
}
    ⋮
```

　return ステートメントは正常な例と同じように string を戻します。しかし、このような記述法は間違いです。Method メソッドは Task<string> ですが、async は指定されていません。このため、戻り値は string のままとなり、return ステートメントにエラーが表示されます。これによって、Method メソッドはメソッドとして成立しません。

　もし、await を利用しない古い記述法を採用したい場合は、以降のようにしてください。

```
      ︙
private static Task<string> Method()
{
    return Task.Delay(5000)
          .ContinueWith(_ => "messages");
}
      ︙
```

　文字列 "messages" を返すタスクを Task.Delay の継続タスクとします。このように記述すると、先の例に近いメソッドの記述になり、エラーにもなりません。

2.4 タスク配列

　タスク配列を紹介します。

■ 単純なタスク配列

　最も単純と思われるタスク配列のプログラムを紹介します。ここで紹介するタスク配列は値を返しません。ソースリストを次に示します。

リスト2.16●Program.cs （010 Parallels¥05Arrays¥01ArrayTask¥）

```
using System;
using System.Threading.Tasks;

namespace ConsoleApp
{
    internal class Program
    {
```

```
        static void Main(string[] _)
        {
            Task[] ArrayTask = new[]
            {
                Task.Run(() => { Console.Write("0"); }),
                Task.Run(() => { Console.Write("1"); }),
                Task.Run(() => { Console.Write("2"); }),
            };
            Task.WaitAll(ArrayTask);
        }
    }
}
```

　異なる処理をタスク配列で記述します。各タスクで異なる処理を行います。この例では、Task
は戻り値を持ちませんので、明示的に全タスクの終了を待機します。当然ですが、それぞれのタ
スクは並列に動作し、それぞれは同期しませんので実行順は不定です。以降に、実行例を示し
ます。

```
210
```

　実行順は不定ですので、表示される0、1、2の順序は不定です。
　Task[] ArrayTask = new[] は、Task[] ArrayTask = new Task[] と記述した方が分かりやすい
可能性がありますが、簡単に記述する方を選びます。
　Task.WaitAll は、すべての Task が終了するのも待ちます。これを Task.WaitAny へ変更すると、
いずれかの Task が終了した時点で制御は以降に移ります。このため、表示される0、1、2のす
べてが表示されるとは限りません。当然ですが、表示順序も不定です。

■ タスク配列と戻り値参照

　戻り値を持つタスク配列のプログラムを紹介します。以降に、ソースリストの一部を示します。

リスト2.17●Program.csの一部（010 Parallels¥05Arrays¥02ArrayTaskResult¥）

```
 ⋮
Task<String>[] ArrayTask  = new[] {
    Task<String>.Run(() => { return "A"; }),
    Task<String>.Run(() => { return "B"; }),
    Task<String>.Run(() => { return "C"; })
```

```
};
for (int i = 0; i < ArrayTask .Length; i++)
    Console.WriteLine("Result[{0}] = {1}.", i, ArrayTask [i].Result);
 ⋮
```

　これは、タスク配列の戻り値を参照する例です。タスクは Task<String> の配列なので、各タスクは処理完了後Stringの値を返します。それぞれのタスクは非同期に動作し、完了順も不定です。直前のプログラムは、全タスクの終了を Task.WaitAll メソッドで監視しました。しかし、このプログラムでは、メインスレッドで各タスクの戻り値を参照するため、その値が有効になるまでメインスレッドの制御がブロックされます。したがって、タスク配列の処理結果を必ず得られます。以降に、実行例を示します。

```
Result[0] = A.
Result[1] = B.
Result[2] = C.
```

　処理の実行順は不定ですが、表示は逐次処理で配列順に行っているので、プログラムの出力は必ず上に示した順番どおりです。表示する値が確定する前に表示部に制御が移ったときは、そのスレッド（タスク）が完了するまでメインスレッドの実行はブロックされます。
　このような単純なプログラムは、以下のように省略して記述できます。

リスト2.18●Program.csの一部　（010 Parallels¥05Arrays¥03ArrayTaskResult2¥）

```
 ⋮
Task<String>[] ArrayTask  = new[] {
    Task<String>.Run(() => "A"),
    Task<String>.Run(() => "B"),
    Task<String>.Run(() => "C")
};
for (int i = 0; i < ArrayTask .Length; i++)
    Console.WriteLine("Result[{0}] = {1}.", i, ArrayTask [i].Result);
 ⋮
```

■ 同じ処理を行うタスク配列（1）

タスク配列のすべてが同じ処理を行うプログラムを紹介します。以降に、ソースリストの一部を示します。

```
　⋮
Task<Int32>[] Ats = new Task<Int32>[10];

var total = 0;
for (int i = 0; i < Ats.Length; i++)
{
    Ats[i] = Task.Run(() => Interlocked.Increment(ref total));
}

for (int i = 0; i < Ats.Length; i++)
    Console.WriteLine($"Result[{i}] = {Ats[i].Result}.");
Console.WriteLine($"total = {total}.");
　⋮
```

このタスク配列は戻り値が int である Task<int> です。Task<int> ですので、タスクは int の値を返します。すべてのタスクは、同じ処理を行います。このようなタスクは、負荷を分散したいときに利用されます。すべてのタスクは、メインスレッドで宣言されている変数 total をインクリメントします。

各スレッドが変数 total へアクセスするため、変数のインクリメントは Interlocked.Increment メソッドを使用しアクセス競合を避けます。先の例と同様、非同期に動作し、完了順も不定です。以降に、実行例を示します。

```
Result[0] = 1.
Result[1] = 2.
Result[2] = 10.
Result[3] = 5.
Result[4] = 3.
Result[5] = 4.
Result[6] = 6.
Result[7] = 7.
Result[8] = 8.
Result[9] = 9.
total = 10.
```

　表示の順序は毎回同じですが、値は実行するたびに異なります。これは、各スレッドが非同期に動作するため、インクリメント処理の順とタスク配列の間に相関関係がないためです。ただし、「total = 10.」の表示は必ず最後になり、かつ値は必ず 10 となります。

　Task.Run(() => は、Ats[i] = Task.Factory.StartNew(() => と記述しても同じですが、TPL を使用できる環境で、Task.Factory.StartNew を使用する必要はないでしょう。

■ 同じ処理を行うタスク配列（2）

　もう少し実用的な、タスク配列のすべてが同じ処理を行うプログラムを紹介します。以降に、ソースリストの一部を示します。

リスト2.20●Program.csの一部（010 Parallels¥05Arrays¥06ArrayTaskResult4¥）

```
    ⋮
Func<int[], int, int, int> Add = (int[] la, int start, int length) =>
{
    var lSum = 0;
    for (int i = start; i < start + length; i++)
    {
        lSum += la[i];
    }
    return lSum;
};

const int ArrayLength = 4096;
int[] a = Enumerable.Range(1, ArrayLength).ToArray();

var Elength = a.Length / 4;
Task<int>[] Ats = {
            Task<int>.Run(() => Add(a, Elength * 0, Elength)),
            Task<int>.Run(() => Add(a, Elength * 1, Elength)),
            Task<int>.Run(() => Add(a, Elength * 2, Elength)),
            Task<int>.Run(() => Add(a, Elength * 3, Elength))
};
//var Ssum = a.Sum();
var Ssum = Add(a, 0, a.Length);

var Psum = 0;
for (int i = 0; i < Ats.Length; i++)
{
    Psum += Ats[i].Result;
```

```
}
Console.WriteLine($"Ssum = {Ssum}.");
Console.WriteLine($"Psum = {Psum}.");
  ⋮
```

本例は、一次元配列に格納されている値の総和を求めるプログラムです。負荷を並列処理に分担させる単純な例として適切ではないかと思います。この例は、タスク配列が自身の処理範囲の総和を求め、その値を返します。各タスクは戻り値が int である Task<int> です。すべて同じデリゲートを呼びます。デリゲートはラムダ式で、プログラムの先頭部分に記述している Add です。一次元 int 配列は、要素数が 4096 で、先頭が 1 で始まり、順にひとつずつ加算した値が要素のインデックスに従って格納されています。これを、4 つの Task で、それぞれの処理範囲を並列処理します。

Task を起動直後に、メインスレッドも同じデリゲートを呼び出し、先頭から最後までの総和を Ssum へ求めます。これらの 5 つの処理は並列に処理されます。メインスレッドで総和を求めたら、Task で求めた結果を読み込み、すべての Task の戻り値を Psum へ求めます。

最後に、並列処理で求めた総和と、逐次処理で求めた総和を表示します。どちらの値も同じであることを確認してください。本プログラムは、処理を分散すること、そして並列処理と逐次処理でデリゲートを共用する例です。以降に、実行例を示します。

```
Ssum = 8390656.
Psum = 8390656.
```

同じようなプログラムをデリゲートとラムダ式ではなく、メソッドとして Main メソッド外へ出したものも示します。以降に、ソースリストの一部を示します。

リスト2.21●Program.csの一部 （010 Parallels¥05Arrays¥ 07ArrayTaskResult5¥）

```
  ⋮
private static int Add(int[] la, int start, int length)
{
    var lSum = 0;
    for (int i = start; i < start + length; i++)
    {
        lSum += la[i];
    }
    return lSum;
}
```

```
static void Main(string[] _)
{
    const int ArrayLength = 4096;
    int[] a = Enumerable.Range(1, ArrayLength).ToArray();

    Task<int>[] Ats = new Task<int>[4];
    int Elength = a.Length / Ats.Length;
    for (int i = 0; i < Ats.Length; i++)
    {
        int Start = Elength * i;
        Ats[i] = Task<int>.Run(() => Add(a, Start, Elength));
    }
    //var Ssum = a.Sum();
    var Ssum = Add(a, 0, a.Length);

    var Psum = 0;
    for (int i = 0; i < Ats.Length; i++)
    {
        Psum += Ats[i].Result;
    }
    Console.WriteLine($"Ssum = {Ssum}.");
    Console.WriteLine($"Psum = {Psum}.");
}
  ⋮
```

　基本的に先のプログラムと同様ですが、総和を求める部分をメソッドとします。これによって、総和を求める部分を Main メソッド外からでも利用できます。また、メソッドを public にすると、クラス外からも参照できます。先の方法と、本例の違いはスコープの違いです。カプセル化したい場合、あるいは共用したい場合で使い分けてください。実行結果は先の例と同じです。

　なお、var Ssum = Add(a, 0, a.Length); は var Ssum = a.Sum(); と記述しても結果は同じです。ですが、ここではメソッドを共用できることを示したので、このように記述します。

2

2.5 タスク継続

　タスク継続について解説します。本節で説明する内容は、async 修飾子と await 演算子を用いると不要になる場合がほとんどです。このため、現代の記法である async/await を使用する予定であれば、本節は読み飛ばして構いません。

　並列処理と非同期を組み合わせたプログラムは、スレッド間（タスク間）の同期が必要になる場合が少なくありません。非同期プログラミングで処理順に規則性が必要な場合、同期機構やコールバックを用いるのが一般的です。しかし .NET Framework 4.0 のタスク並列ライブラリ（TPL）では、継続タスクで同じ機能を提供しています。継続タスク（単に継続ともいいます）とは、前のタスクが完了したときに、他のタスク（継続元と呼ばれます）によって呼び出されるタスクのことです。

　TaskContinueWith メソッドを使用すると、タスクの処理順を指定できます。これを利用すると継続元タスクが完了したときに、継続して開始されるタスクを指定できます。継続タスクは、継続元タスクの状態を調べられます。また、継続元タスクの出力を継続タスクの入力として使用できるように、Result プロパティで継続元タスクから継続タスクに情報を渡せます。TaskContinueWith メソッドでは、最初に動作するタスクと、そのタスクが完了時に開始するタスクを指定します。

■ 単純なタスク継続

　単純なタスク継続の例を示します。以降に、ソースリストの一部を示します。

リスト2.22●Program.csの一部　（010 Parallels¥06ContinueWith¥01ContinueWith¥）

```
    ⋮
static void Main(string[] _)
{
    Task<String> atask = Task.Run(() =>           // antecedent task
    {
        return "antecedent";    // to task.ContinueWith
    });
    Task<String> ctask = atask.ContinueWith((a) =>  // continuation Task
    {
        return a.Result + " + continuation";
    });
    Console.WriteLine(ctask.Result);
```

```
}
  ⋮
```

　この例では、antecedent タスクである atask の完了を待って、continuation タスクである ctask が起動されます。このようにタスクの動作順に規則がある場合、TaskContinueWith メソッドを使用すると、並列処理の実行順に規則性を持たせられます。以降に、実行例を示します。

> antecedent + continuation

　この例では、まず atask タスクが生成・起動されます。このタスク atask タスクが完了すると continuation タスクである ctask が起動されます。ctask タスクは atask タスクが完了しないと 起動しません。実行順を図で示します。

図2.8●タスク起動の関係

　タスクの起動を Task.Run で行っていますが、Task.Factory.StartNew に変更しても同じ結果が 得られます。タスクの生成と起動を同時に行わない例も紹介します。以降に、ソースリストの一 部を示します。

> **リスト2.23●Program.csの一部（010 Parallels¥06ContinueWith¥03TaskStart¥）**

```
 ⋮
Task<String> atask = new Task<String>(() =>
{
    return "antecedent";
});
Task<String> ctask = atask.ContinueWith((a) =>
{
    return a.Result + " + continuation";
});
atask.Start();

Console.WriteLine(ctask.Result);
 ⋮
```

■ 多段タスク継続

タスクを多段に接続し、順次実行する例を示します。先の例は単純に2つのタスクの順序を規定していましたが、ここで示す方法を採用すると、多数のタスクを順序良く実行できます。以降に、ソースリストの一部を示します。

リスト2.24●Program.csの一部（010 Parallels¥06ContinueWith¥04Cascade¥）

```
 ⋮
Task<String> task0 = Task.Run(() =>
{
    return "task0";
});
Task<String> task1 = task0.ContinueWith((a) =>
{
    return a.Result + " + task1";
});
Task<String> task2 = task1.ContinueWith((a) =>
{
    return a.Result + " + task2";
});
Console.WriteLine(task2.Result);
 ⋮
```

この例では、antecedent タスクである task0 の完了を待ち、次に continuation タスクである task1、その continuation タスクである task2 が順に起動されます。このようにタスク完了を待って、連続的に起動できます。以降に、実行例を示します。

```
task0 + task1 + task2
```

実行順を図で示します。

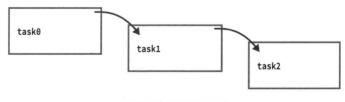

図2.9●多段タスク継続

■ 複数タスクの継続

タスクの配列のすべてが完了したときに実行する、複数のタスク継続を作成することもできます。以降に、ソースリストの一部を示します。

リスト2.25●Program.csの一部　（010 Parallels¥06ContinueWith¥05Multiple¥）

```
    ⋮
var total = 0;

Task<Int32>[] aT = new Task<Int32>[10];
for (int i = 0; i < aT.Length; i++)
{
    aT[i] = Task.Run(() => Interlocked.Increment(ref total));
}
Task cTask = Task.Factory.ContinueWhenAll(aT, cT =>
{
    for (int i = 0; i < cT.Length; i++)
        Console.WriteLine("Result[{0}] = {1}.", i, cT[i].Result);
    Console.WriteLine("total = {0}", total);
});
cTask.Wait();
    ⋮
```

ContinueWhenAll メソッドを使用すると、aT 配列のすべてのタスクが完了したときに continuation タスクが起動されます。以降に、実行例を示します。

```
Result[0] = 9.
Result[1] = 1.
Result[2] = 10.
Result[3] = 2.
Result[4] = 3.
Result[5] = 4.
Result[6] = 5.
Result[7] = 6.
Result[8] = 7.
Result[9] = 8.
total = 10
```

aT[0] 〜 aT[9] はそれぞれ total の値をインクリメントします。2.4 節の「同じ処理を行うタス

ク配列」項で示したプログラムに近いです。タスク配列 aT は戻り値が int である Task<int> です。Task<int> ですので、タスクは int の値を返します。すべてのタスクは、同じ処理です。これらのタスクは、Interlocked.Increment を使用し、変数をインクリメントします。

　ContinueWhenAll メソッドを使用し、すべての継続元タスクが完了したときに開始されるタスクを指定します。最終的な結果は 10 になります。本プログラムの起動順を次図に示します。

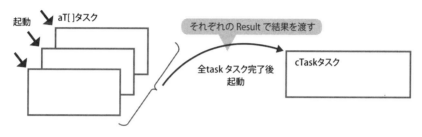

図2.10●タスク起動の関係

2.6 入れ子タスクと子タスク

　本節では、入れ子タスク（ネストされたタスク）と、子タスクのプログラムを紹介します。ここで紹介する手法も、最新のプログラミング記法を用いると利用する必要は少ないと思われます。特別に理由がない人は参考にする程度で良いでしょう。急いで並列や非同期の理解を進めたい人は、ひとまず、読み流す、あるいは読み飛ばして構いません。

　入れ子タスクとは、別のタスクからデリゲートによって生成されたタスクを指します。子タスクとは、AttachedToParent オプションで生成され、入れ子になったタスクを指します。タスクは、任意の数の子タスク、あるいはネストされたタスクを生成できます。生成可能なタスクの数は、システムリソースによってのみ制限を受けます。

　子タスクと入れ子のタスクに関して重要なことは、入れ子のタスクは親タスクまたは外側のタスクからは独立しており、それに対して、子タスクは親タスクと緊密に同期していることです。つまり、両方とも入れ子を形成しますが、子タスクは AttachedToParent オプションの指定によって、親（外側）タスクとネストされたタスクの同期処理が異なります。

入れ子タスクと子タスクの違い

　ネストされたタスク（入れ子タスク）は、別のタスクからデリゲートによって生成されたタスクのことで、子タスクは、AttachedToParent オプションで生成されて入れ子になったタスクのことです。

　アタッチされた子タスクを使用すると、非同期操作を厳密に同期できます。ただし、その親タスクが子タスクのアタッチを禁止していない場合にのみ、子タスクは親タスクにアタッチできます。親タスクは、親タスクのクラスのコンストラクターの TaskCreationOptions.DenyChildAttach オプションまたは TaskFactory.StartNew メソッドで指定することで、明示的に子タスクが親タスクにアタッチできないように指定できます。

　親タスクが Task.Run メソッドを呼び出して作成された場合、親タスクは暗黙的に子タスクをアタッチできないようにします。これまでは、Task.Run メソッドの使用を推奨していましたが、この節で示すようにアタッチしたい場合は、TaskFactory.StartNew メソッドを使用してください。Task.Run メソッドのオーバーロードにおける既定のタスクの作成オプションには TaskCreationOptions.DenyChildAttach が含まれます。

■ 入れ子タスク

　入れ子タスクは AttachedToParent オプションを指定しないため、親タスク（生成・起動元タスク）に対し子タスクとはならず、親タスクとは非同期に動作します。このようなタスクをデタッチされたタスクと表現する場合もあります。ここで示すのは、親タスクが単純にネストされたタスクを生成する例です。擬似的に重い処理（待ち）を挿入し、動作が分かりやすいようにします。実行中のタスクから、AttachedToParent オプションを指定しないタスクを新規に生成します。この生成されたタスクは外部のタスクと同期しません。このようなタスクを入れ子タスク、あるいはデタッチされたネストタスクと呼びます。以降に、ソースリストの一部を示します。

リスト●Program.csの一部（010 Parallels¥07ChiledNest¥01NestedTasks¥）

```
⋮
var outer = Task.Factory.StartNew(() =>
{
    Console.WriteLine("Start the outer task.");

    var nested = Task.Factory.StartNew(() =>
    {
        Console.WriteLine("  Start the inner task.");
```

```
        Thread.SpinWait(5000000);
        Console.WriteLine("  Inner task finished.");
    });

    Thread.SpinWait(1000000);
    Console.WriteLine("The outer task is about to finish.");
});
outer.Wait();
Console.WriteLine("Outer task finished.");
  ⋮
```

　ネストされたタスクと親タスクは非同期に動作します。つまり、入れ子タスクと親タスクはそれぞれ独立して動作するため、親タスクが終了したときに入れ子タスクが終了する保証はありません。2 つの実行例を次に示します。

```
Start the outer task.
  Start the inner task.
The outer task is about to finish.
Outer task finished.
```

　この例では、ネストされたタスクが走行中である旨のメッセージは表示されますが、終了メッセージは表示されません。つまり、入れ子タスクは終了していないのに、親タスクが先に終了しています。

```
Start the outer task.
  Start the inner task.
  Inner task finished.
The outer task is about to finish.
Outer task finished.
```

　この例は、ネストされたタスクが完了している旨のメッセージが表示されます。これはネストされたタスク内の待ち時間を変更して、ネストされたタスクが早く終わるようにしたためです（Thread.SpinWait(5000000); の値を小さくする）。親タスクとネストされたタスクの待ち時間を微妙な値にすると、親タスクとネストされたタスクのメッセージ順序は不定です。これは、入れ子タスクと親タスクが非同期で動作するためです。

■ 子タスク

　AttachedToParent オプションを指定した子タスクの例を次に示します。親タスクにアタッチされた子タスクは、親タスクと緊密に同期します。以降に、ソースリストの一部を示します。

リスト2.26●Program.csの一部（010 Parallels¥07ChiledNest¥02ChiledTasks¥）

```
 ⋮
var pTask = Task.Factory.StartNew(() =>
{
    Console.WriteLine("Parent task started.");

    var cTask = Task.Factory.StartNew(() =>
    {
        Console.WriteLine(" Child task started.");
        for (int i = 0; i < 1000; i++)
            Thread.SpinWait(200);
        Console.WriteLine(" End of child task.");
    }, TaskCreationOptions.AttachedToParent);
});
pTask.Wait();
Console.WriteLine("End of parent task.");
 ⋮
```

　子タスクは親タスクと同期します。実行例を次に示します。

```
Parent task started.
 Child task started.
 End of child task.
End of parent task.
```

　このプログラムを実行すると、必ずこの順序でメッセージが表示されます。ネストされた子タスクは親タスクにアタッチされているため、子タスクが起動されると親タスクは子タスクの終了を待ちます。したがって、子タスクのメッセージは親タスクのメッセージに必ずネストされます。

第3章

Task と非同期

　本章で、Task と非同期の組み合わせ、さらには Invoke や BackgroundWorker などを利用した非同期プログラミングを解説します。特に、async と await の使い方などを細かく解説します。

　Task と非同期を同時に議論している例が少なくありませんが、Task つまり並列処理と対比するのは逐次処理であり、非同期処理と対比されるのは同期処理です。ですので、Task と非同期のペアの議論は的を射ているとは言えません。C# で解説される、Task と非同期処理ですが、正確には Task と非同期呼び出し（並列処理と非同期呼び出し）の解説です。基本的に並列処理は非同期で処理されます。そして、同期機構を使って非同期処理を同期させます。C# の非同期呼び出しは、同期機構の一種と捉らえて良いでしょう。

　本節では、シンプルなユーザーインターフェース（UI）を持ったプログラムを開発します。ここで紹介するのは、ユーザーが処理を指示してから UI の更新までに長い時間を要するものです。処理に長い時間を要する処理（いわゆる「重い処理」）がユーザーインターフェースにおよぼす影響と、その解決法を解説します。

　簡単に説明するため MVVM や MVC を用いるとどうなるかについては言及しません。単純なプログラムであればデータバインディングなどを用いることによって、本章で示す例を Task と非同期呼び出しを利用することなく解決できるでしょう。ここでは、MVVM やデータバインディングで解決できるではないかと言うような議論を目的とせず、説明しやすいように単純なプログラムを例として用います。複雑なプログラムを開発していると View（UI）のコードビハインドにロジックを実装することも少なくありません。あるいは、別の理由で、Task と非同期呼び出し、あるい

は Task と同期処理を組み合わせる必要に迫られる場合があります。そのようなケースの解説を本章では行います。

3.1 同期処理と非同期処理

「同期呼び出し」、「非同期呼び出し」、そして「非同期呼び出しと同期」について簡単に説明します。

■ 同期処理

同期処理は、呼び出したメソッドが終了するまで呼び出し元の処理はブロックされます。制御が戻った時点で、呼び出したメソッドの処理は完了していることが保証されます。つまり順序良く、それぞれの処理がなされます。以降に概念を図で示します。

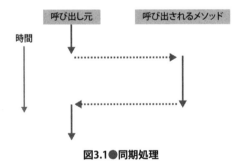

図3.1●同期処理

呼び出されたメソッドが同一スレッドで処理されるか、ほかのスレッドで処理されるかについて配慮する必要はありません。一連の処理が直列に処理されることを指します。

■ 非同期処理

非同期処理は、一般的に並列処理で利用されます。複数の処理機構が、それぞれ無関係かつ処理順も不定のまま処理が行われます。呼び出されたメソッドと呼び出し元は無関係に動作します。呼び出し元が、呼び出したメソッドの処理状況を知りたいときは、何らかのスレッド間通信などが必要です。

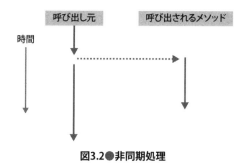

図3.2●非同期処理

　呼び出されたメソッドは、一般的に別のスレッドで並列処理されるかオフロードされます。いずれにしても非同期で呼び出されたメソッドは独立して処理し、適切な時期に終了します。呼び出し側は呼び出し先の処理について配慮する必要はありませんし、知ることもできません。

■ 非同期処理と同期

　たいていのシステムでは、非同期処理と同期する同期機構を提供しています。非同期処理は、呼び出し元と呼び出し先のメソッドの処理とは無関係に動作します。このままでは、呼び出したメソッドの結果を利用できないため、何らかの方法で同期処理する場合が少なくありません。

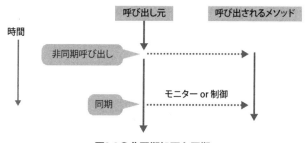

図3.3●非同期処理と同期

　呼び出されたメソッドは、一般的に別のスレッドで並列処理されるかオフロードされます。いずれにしても非同期で呼び出されたメソッドは独立して処理し、適切な時期に終了します。呼び出し側が呼び出し先の処理状況や、処理結果を取得するには、同期オブジェクトや、非同期処理に関連付けられたオブジェクトなどで、それらを知る、あるいは制御する必要があります。

■ Task と async/await

　C# で頻繁に用いられる async/await は、非同期処理と同期する機構の一種です。これは、呼び出し元から非同期呼び出ししたメソッドを監視するのではなく、呼び出されたメソッドの処理が完了すると突然、呼び出し元のある位置へ飛び込んできます。いわゆる非同期呼び出しやコール

バックと呼ばれます。

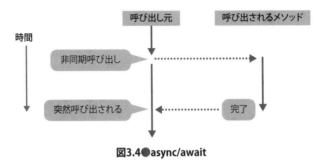

図3.4●async/await

■ 同期処理のコード例

同期呼び出しは、単純にメソッドを呼び出す、あるいは Invoke するなどです。呼び出し先が並列対応できるスレッドであるか、同一スレッドであるかは関係ありません。

（1）単純呼び出し

```
private void Method1()
…

private void bStart_Click(object sender, EventArgs e)
{
    Method1();
}
```

（2）Invoke

```
private void Method1()
…

private void bStart_Click(object sender, EventArgs e)
{
    tBCount.Invoke(new Action(Method1));
}
```

■ 非同期処理のコード例

非同期呼び出しは、Task.Run メソッドや Thread クラスを利用したものが考えられます。非同期呼び出しの場合、名前が示すように非同期ですので、各メソッドは無関係に処理を進めます。

（1）Task.Run メソッド

```
private static void Method1()
...

static void Main(string[] _)
{
    Task.Run(Method1);
       ⋮
```

■ 非同期処理と同期のコード例

非同期処理は、ほとんどの場合、同期処理を組み合わせます。具体的には、Task.Run メソッドと async/await の組み合わせ、InvokeAsync/Wait メソッドの組み合わせ、そして BeginInvoke/EndInvoke メソッドの組み合わせなどが利用されます。

（1）async/await の組み合わせ

```
private static void SleepMethod()
...

private async void BStart_Click(object sender, RoutedEventArgs e)
{
    ...

    await Task.Run(SleepMethod);

    // ここで何らかの処理
    ...
}
```

（2）InvokeAsync/Wait メソッドの組み合わせ

```
private void BStart_Click(object sender, RoutedEventArgs e)
{
    ...
```

```
    _ = Task.Run(() =>
    {
        //本処理
        ...

        // 同期させるInvokeと等価
        DispatcherOperation Do = textBox.Dispatcher.InvokeAsync(new Action(() =>
        {
            //後処理
            ...
        }));

        // ここで何らかの処理

        Do.Wait();  // 同期
    });
}
```

（3）BeginInvoke/EndInvoke メソッドの組み合わせ

```
IAsyncResult ar = textBox.BeginInvoke(new Action(() =>
{
    ...
}));

// ここで何らかの処理

textBox.EndInvoke(ar);
```

ここで示した、コードを具体的に採用したプログラムを後述します。

3.2 Task と非同期

　まず、細かい説明の前に非同期で記述した方が良いケースを説明します。図に示すように、イベントに対応したハンドラー内で時間を要する処理が存在すると、同期処理で記述した場合、プログラムはフリーズしたような挙動を示します。

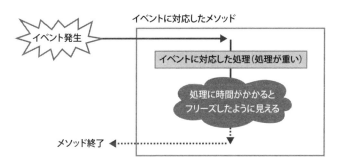

図3.5●UIプログラムでイベントが発生したときの単純化した処理の流れ

　長い時間待てば、フリーズは終わりますが、このようなプログラムを一般のアプリケーションとしてリリースすることはできないでしょう。

　このようなときは、Task と非同期呼び出しを用いて解決するのが一般的です。最初に典型的な非同期呼び出しを使用したプログラムを WPF の例を用いて示します。まず、プログラムの外観を示します。

図3.6●プログラムの外観

　このプログラムは、「開始」ボタンを押すと、時間のかかる処理をしたのち、結果の欄に処理結果を表示します。

　まず、プログラムの外観を定義する xaml のソースリストを示します。

リスト3.1●MainWindow.xaml（020 Async¥01AsyncAwait¥）

```
<Window x:Class="WpfApp.MainWindow"
        xmlns="http://schemas.microsoft.com/winfx/2006/xaml/presentation"
        xmlns:x="http://schemas.microsoft.com/winfx/2006/xaml"
        xmlns:d="http://schemas.microsoft.com/expression/blend/2008"
        xmlns:mc="http://schemas.openxmlformats.org/markup-compatibility/2006"
        xmlns:local="clr-namespace:WpfApp"
        mc:Ignorable="d"
        Title="MainWindow" Height="120" Width="250"
        ResizeMode="NoResize">
    <Grid>
```

```
        <Label x:Name="label" Content="Label" Margin="80,8,0,0"
               HorizontalAlignment="Left" VerticalAlignment="Top"/>
        <TextBox x:Name="textBox"  Margin="125,10,0,0"
                  HorizontalAlignment="Left"  VerticalAlignment="Top"
                  Width="100" Height="23" TextAlignment="Right"/>
        <Button x:Name="bStart" Content="bStart" Margin="10,40,0,0"
               HorizontalAlignment="Left"  VerticalAlignment="Top"
               Width="100" Click="BStart_Click"/>
        <Button x:Name="bClose" Content="bClose" Margin="125,40,0,0"
               HorizontalAlignment="Left" VerticalAlignment="Top"
               Width="100" Click="BClose_Click"/>
    </Grid>
</Window>
```

　xaml ファイルでは、フォームの定義を行っているだけですので、説明は省略します。次に、実際の処理を行う cs ファイルのソースリストを示します。

リスト3.2●MainWindow.xaml.cs（020 Async¥01AsyncAwait¥）

```
using System.Windows;
using System.Threading;
using System.Threading.Tasks;

namespace WpfApp
{
    /// <summary>
    /// Interaction logic for MainWindow.xaml
    /// </summary>
    public partial class MainWindow : Window
    {
        public MainWindow()
        {
            InitializeComponent();

            Title = "async/await";
            label.Content = "結果";

            bStart.Content = "開始";
            bClose.Content = "閉じる";
        }
```

```
    // 「開始」ボタン
    private async void BStart_Click(object sender, RoutedEventArgs e)
    {
        //前処理
        bStart.IsEnabled = bClose.IsEnabled = false;
        textBox.Text = "処理中";

        //本処理
        await Task.Run(() =>
        {
            Thread.Sleep(5000);      // Heavy work
        });

        //後処理
        textBox.Text = "本処理完了";
        bStart.IsEnabled = bClose.IsEnabled = true;
    }

    // 「閉じる」ボタン
    private void BClose_Click(object sender, RoutedEventArgs e)
    {
        Close();
    }
}
```

　「開始」ボタンをクリックすると BStart_Click メソッドへ制御が渡ります。このメソッドには async を指定する必要があります。内部で await を使用する場合、メソッドに async を指定しなければなりません。

　本来の処理に先立ち、ボタンを押せないように禁則処理を行うとともに、メソッドが開始したことを表す文字列をテキストボックスへ表示します。次に、イベントに対応した本処理を行います。イベントに対応した処理が CPU を長時間占有しない時は、ごく普通に記述します。しかし、CPU を長時間占有する場合、普通に記述すると UI がフリーズしたような挙動を示します。そこで、await と Task.Run メソッドを使用し、非同期呼び出しと Task（並列処理）で UI のフリーズを回避します。この例では、イベントに対応した処理を Thread.Sleep(5000); でシミュレートし、疑似的にスレッドの CPU を占有します。Thread.Sleep(5000); は当該スレッドを指定した時間だけブロックします。もし、単純に非同期呼び出しと Task を使用せず、Thread.Sleep(5000); と記述すると UI がフリーズしたような挙動を示します。最後に、後処理を行います。このように記述すると、ごく普通にプログラムは動作します。以降に実行例を示します。

| 「開始」ボタンを押す | ウィンドウの移動可能 | 処理が完了 |

図3.7●実行例

「開始」ボタンを押すと、処理が終わるまでボタンを押せないようにボタンはディセーブルされます。同時にイベントに対応した処理が開始したことを表す文字列がテキストボックスへ表示されます。イベントに対応した処理が動作している最中でも UI は応答できるので、ウィンドウのタイトルを掴んでフォームを移動するなどウィンドウは利用者の操作に反応できます。イベントに対応した処理が完了すると、処理が完了したことを表す文字列がテキストボックスへ表示され、ボタンは有効になります。この一連の動作を図で示します。

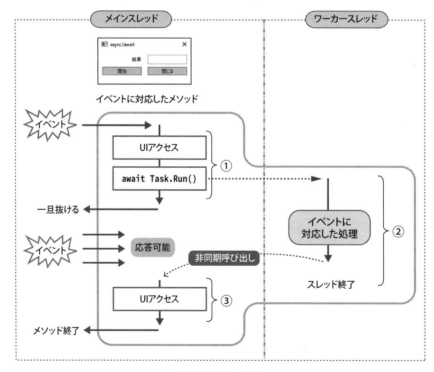

図3.8●動作の概要

本プログラムは、上図のように動作します。以降に、図と対応させたコードを示します。

```
        // 「開始」ボタン
        private async void BStart_Click(object sender, RoutedEventArgs e)
        {
            //前処理
            bStart.IsEnabled = bClose.IsEnabled = false;          ① 
            textBox.Text = "Task開始.";

            //本処理
            await Task.Run(() => {
                Thread.Sleep(5000);      // Heavy work
            });                                          ②

            //後処理
            textBox.Text = "本処理完了.";                   ③
            bStart.IsEnabled = bClose.IsEnabled = true;
        }
```

　まず①の部分で UI オブジェクトを更新します。次に Task.Run メソッドで指定した②のラムダ式が別のスレッドで実行されます。②の部分が終了すると、await ブロックの次へ制御が移ります。③の部分は、元のスレッドで実行されるため UI オブジェクトをアクセスできます。

● async 修飾子
　async 修飾子はメソッドに指定します。これが指定されたメソッド内で await 演算子を利用することを示します。async 修飾子の付くメソッドは、void、Task、Task<T> 型でなければなりません。async 修飾子はただの目印であり、特に意味はありませんが、メソッド内で await 演算子を利用する場合は必ず指定しなければなりません。逆に、メソッド内で await 演算子を利用しない場合は、async 修飾子をメソッドに指定してはなりません。
　簡単に説明すると、await 演算子を利用するならメソッドに async 修飾子を指定し、await 演算子を利用しないならメソッドに async 修飾子を指定しません。

● await 演算子
　await 演算子は、await を指定した処理が完了するまでそのメソッドの await 以降の実行を中断し、制御をすぐに呼び出し元に戻します。つまり、CPU を占有するなどの処理を行いたい場合、await 演算子を指定するとメソッドをすぐに抜けますが、await で指定した処理は並行して実行されます。await を指定した処理が完了したら、その後に指定された処理が継続して実行されます。await 演算子は async 修飾子を指定したメソッド内で 1 つ以上記述できま

す。また、通常のメソッドだけでなく匿名メソッドやラムダ式など、どこにでも記述できます。await 演算子の意味は、CPU を占有する処理などが終わるまでは、このメソッドの残りをそのタスクの継続として登録し、完了後に呼び出し元に処理を戻す（継続タスクやコールバックのような動作をする）ことです。この await 演算子を指定したあとの処理は、非同期に制御が戻りますが、元のスレッドで動作します。このため、一般的に CPU を長時間占する処理に await 演算子を指定し、その結果を UI オブジェクトへ反映する処理を await 演算子以降で実行します。なお、ConfigureAwait オプションで、続くコードを、呼び出したスレッドへ戻さないこともできます。これについては具体的なプログラムを後述します。

なお、

```
await Task.Run(() => {
    Thread.Sleep(5000);      // Heavy work
});
```

は、

```
await Task.Delay(5000);
```

と同じです。ここでは、Task.Run メソッドのブロック内で処理を記述できることを示したかったので、Task.Run メソッドを使ったコードを示します。

　特別、込み入ったプログラムを開発しない場合、何も考えず、このように Task と async/await による非同期呼び出しのプログラムで、ほとんどの処理時間の長い処理へ対応できます。もし、単純なプログラムのみしか開発しない場合、以降の説明は時間のある時に読み、しばらくは読み飛ばしても構いません。ただ、筆者としては、なるべく時間を作り、早めに Task と async/await が、どのように動作しているか理解することを推奨します。
　なお、本書は、非同期呼び出しを非同期や非同期処理と省略する場合があります。正確な表現は文脈から判断してください。分かりにくい個所では明示的に使分けて示します。

■ 待ちのある処理

　先に紹介したプログラムは、イベントハンドラーに時間を要する処理が存在するものでした。ここでは、外部へのアクセスがあり、待たされる例を紹介します。外部とのやり取りがあり待たされる可能性がある場合、そのまま記述したのでは先のプログラム同様、プログラムがフリーズ

したような挙動を示します。そこで、async/await と Task.Run メソッドを使用し、UI のフリーズを回避します。

　ここで示す例は、「開始」ボタンを押すと、Web サイトの html を読み込み、結果をテキストボックスへ設定します。テキストボックスのサイズが小さいので xaml ファイルを編集したかったのですが、説明したいことに大きな影響はないため、UI は先のプログラムをそのまま利用します。以降に、一連の動作を図で示します。

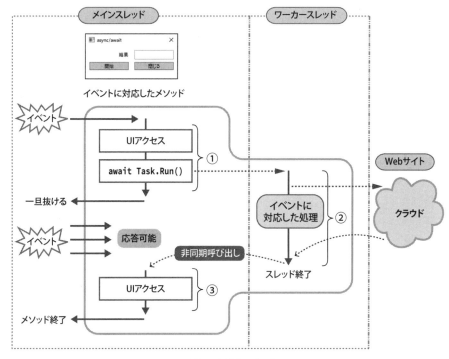

図3.9●動作の概要

　本プログラムは、上図のように動作します。以降に、図と対応させたコードを示します。

```
    ⋮
using System.Net.Http;
    ⋮
    // 「開始」ボタン
    private async void BStart_Click(object sender, RoutedEventArgs e)
    {
        //前処理
        bStart.IsEnabled = bClose.IsEnabled = false;          ┐
        textBox.Text = "Task開始.";                            ┘─①
```

```
    //本処理
    string resp = "", uri = "http://www.spaxxxxx.xx.jp/Books/";
    await Task.Run(async () =>
    {
        HttpClient _client = new HttpClient();
        resp = await _client.GetStringAsync(uri);
    });                                                            ②

    //後処理
    textBox.Text = resp;
    bStart.IsEnabled = bClose.IsEnabled = true;                   ③
}
    ⋮
```

①の部分で UI オブジェクトを更新します。次に Task.Run メソッドで指定した②のラムダ式が別のスレッドで実行されます。先の例と違い負荷が高いわけではなく、web サーバーからの応答を待ちます。②の部分が終了すると、await ブロックの次へ制御が移ります。③の部分は、元のスレッドで実行されるため UI オブジェクトをアクセスできます。

ネットワーク系やデータベースなど、外部のサーバーアクセスがあるプログラムは、ほとんどが、このような待ち状態が発生するでしょう。そのような時に、async/await と Task.Run メソッドを使用すると、UI のフリーズを回避できます。なお、特定のサイトをアクセスすると迷惑を掛けますので、uri は存在しないサイトにしています。本プログラムを実行する際は、節度ある使用を心掛けてください。

3.3 フリーズする例

この節は、なぜ単純に記述するとプログラムがフリーズしたような挙動を示すのか説明します。急いで並列や非同期の理解を進めたい人や、なぜ不都合が生じるのかに興味のない人は、ひとまず読み流す、あるいは読み飛ばして構いません。

先のプログラムを、ごく普通に記述した場合、どのような挙動を示すか説明します。以降に、「開始」ボタンをクリックに対応したイベントメソッドを示します。先のコードと異なる部分を強調して示します。

```
// 「開始」ボタン
private void BStart_Click(object sender, RoutedEventArgs e)
{
    //前処理
    bStart.IsEnabled = bClose.IsEnabled = false;     ┐
    textBox.Text = "Task開始.";                       ┘ ─ ①

    //本処理
    Thread.Sleep(5000);       // Heavy work    ←──── ②

    //後処理
    textBox.Text = "本処理完了.";                      ┐
    bStart.IsEnabled = bClose.IsEnabled = true;       ┘ ─ ③
}
```

　先ほどのプログラムと異なる部分に網掛けしています。まず、非同期を利用しないため、BStart_Click メソッドに async を指定する必要はなくなります。また、イベントに対応した処理である「Thread.Sleep(5000);」は、ごく普通に記述します。

　このプログラムが、どのような挙動を示すか、以降に実行例を示します。

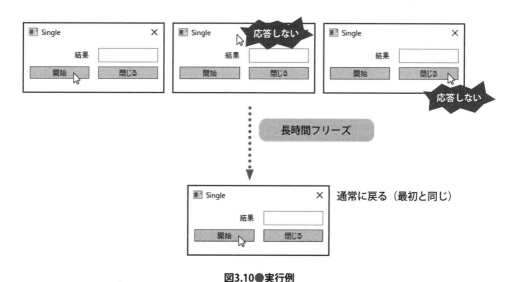

図3.10●実行例

　「開始」ボタンを押すと、UIはフリーズしテキストボックスも変化せず、ボタンの状態も変化しません。また、ウィンドウの移動さえできません。これは、「Thread.Sleep(5000);」とUIの両方

を同じスレッドで処理しているためです。「Thread.Sleep(5000);」が当該スレッドを掴んで離さない（スレッドをキャプチャする）ため、イベントを受け取れない期間が発生します。この期間中はあらゆる UI 操作に反応することができません。「閉じる」ボタンも無反応になります。ただし、実際は CPU が一時的に占有されているだけなので、十分な時間を待てばプログラムは通常の状態へ戻ります。とはいえ、一般的にはプログラムがフリーズしたと判断されてしまうでしょう。

このようなプログラムは、とても使い勝手の悪いプログラムになります。特に、ネットワークへアクセスするようなプログラムでは、何らかの処理を行うたびにプログラムはフリーズしたような挙動を示します。この例が示すように、長い時間 CPU を占有する、あるいはネットワークやデータベースなどの外部からの応答を待つ場合、普通に記述すると UI が反応できない期間が発生します。この一連の動作を図で示します。

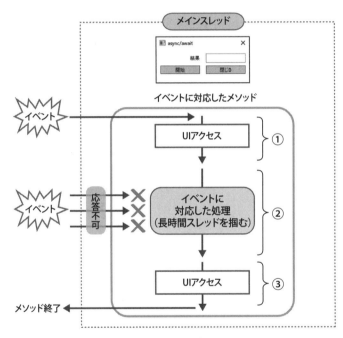

図3.11●動作の概要

3.4 例外発生

　UIがフリーズするのであれば並列処理で以降のUI処理を行ってしまえばよいのではないだろうかと考える人も出てくるでしょう。しかし、そのようにすると例外が発生します。この節は、なぜ並列処理部からUIオブジェクトをアクセスすると例外が発生するのか説明します。なぜ不都合が生じるのかに興味のない人は読み飛ばして構いません。

　UIがフリーズするのであれば、Taskを使った並列処理部で以降の処理を行ってしまえば良いのではないでしょうか。確かに、そのような場合もあります。例えば、イベントに対応した処理の完了後に、UIオブジェクトへアクセスする必要がないときなどです。しかし、ほとんどの場合、何らかの処理を行ったのちUIを更新するのが一般的です（ここではMVC、MVVM、データバインディングなどは除外して考えます）。以降に、このような考えのもとに記述した、「開始」ボタンをクリックした場合のコードを示します。3.2節「Taskと非同期」のプログラムと異なる部分を強調して示します。

```csharp
// 「開始」ボタン
private void BStart_Click(object sender, RoutedEventArgs e)
{
    //前処理
    bStart.IsEnabled = bClose.IsEnabled = false;        ─┐
    textBox.Text = "処理中";                              ─┴─ ①

    //本処理
    Task.Run(() => {
        Thread.Sleep(5000);      // Heavy work    ←───  ②

        //後処理
        textBox.Text = "本処理完了";                     ─┐
        bStart.IsEnabled = bClose.IsEnabled = true;      ─┴─ ③
    });
}
```

　まず、非同期を利用しないため、BStart_Click メソッドに async を指定する必要はなくなります。3.2節「Taskと非同期」のプログラムと大きく異なるのは、イベントに対応した処理である「Thread.Sleep(5000);」を、await を指定しない Task.Run に指定する点です。さらに、先のプログラムでは並列処理の外側に存在した後処理を、並列処理の内部へ移動します。普通に考えると

これで良さそうに思えますが、UIオブジェクトを生成したスレッド以外から、UIオブジェクトへアクセスしようとすると例外が発生します。

このような制限は、いろいろな環境や言語でも良くあることで、そのオブジェクトがスレッドセーフかそうでないかを事前に調べておく必要があります。残念ながらUIオブジェクトはスレッドセーフではありません。このプログラムがどのような挙動を示すか、以降に実行例を示します。

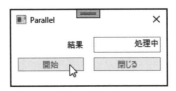

図3.12●「開始」ボタンをクリック

「開始」ボタンをクリックし、しばらくすると例外が発生します。

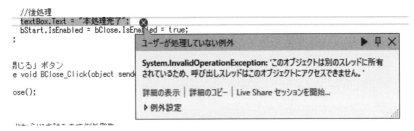

図3.13●実行例

この一連の動作を図で示します。

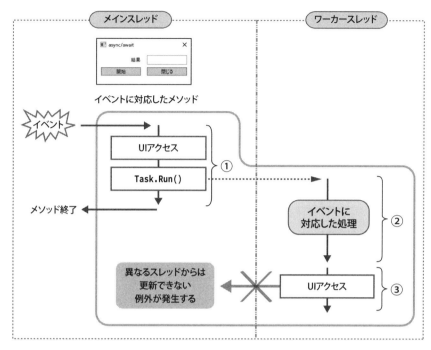

図3.14●動作の概要

　本プログラムは、try{} catch{} で例外を捕捉していないため、Debug モードで実行しないと、単純にプログラムが反応しなくなる場合もあります。ただし、内部では当該オブジェクトを所有していないスレッドからアクセスしようとして例外が発生します。ほとんどのプログラムのasync/await は、この問題を避けるために利用されています。

MVVM と非同期

　既に指摘していますが、MVVM、MVC、データバインディングで開発されたプログラムでは View（UI: ユーザーインターフェース）のイベントハンドラーから直接UI オブジェクトをアクセスすることは多くありません。ですので、MVC などに沿って開発されたプログラムは、このように単純な例では、問題は起きません。本書では、何が問題であるかを分かりやすく説明するため、単純なプログラムで示していることを理解してください。

3.5 結果誤り

　この節は、なぜ時間のかかる処理を非同期タスクで処理すると結果が誤った表示になるのか解説します。なぜ結果が正しくなくなる可能性があるのかに興味のない人は読み飛ばして構いません。

　UI オブジェクトにアクセスするには、UI オブジェクトを生成したスレッドと同一スレッドでなければならないという制限があります。このため、直前の Task 内から UI オブジェクトをアクセスしていた部分を、Task 直後に移動します。以降に、「開始」ボタンをクリックした場合のコードを、直前のプログラムと比較して示します。

```
// 「開始」ボタン
private void BStart_Click(object sender, RoutedEventArgs e)
{
    //前処理
    bStart.IsEnabled = bClose.IsEnabled = false;        ①
    textBox.Text = "処理中";

    //本処理
    Task.Run(() => {
        Thread.Sleep(5000);        ←        ②
    });

    //後処理
    textBox.Text = "本処理完了";        ③
    bStart.IsEnabled = bClose.IsEnabled = true;
}
```

　先ほどのプログラムと異なる部分に網掛けします。Task.Run メソッド内のラムダ式に記述してあったコードを、Task 外へ出します。一見うまく動作するように見えますが、await を指定しない Task.Run メソッドは、メインスレッドと完全に並列動作します。つまり、前処理に続き、イベントに対応した処理を起動した直後に、後処理を行います。当然ですが、後処理を行う時に、イベントに対応した処理が完了していない可能性が高いです。この一連の動作を図で示します。

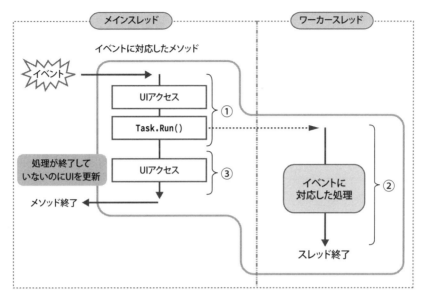

図3.15●動作の概要

　一般的に、イベントに対応した処理の結果を UI オブジェクトに反映しますので、目的を達成することはできません。②が終了する前に、③が動作します。このため、処理が終了していないのに UI を更新してしまいます。②と③は非同期に動作するため、下図に示すように正常に動作する場合もあり、複雑なシステムでは障害を切り分けるのに苦労する場合があります。

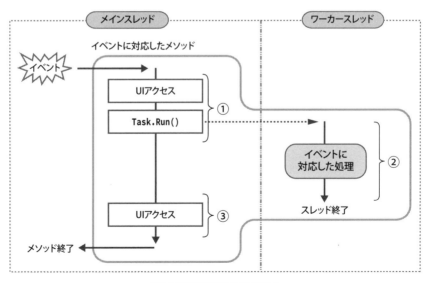

図3.16●正常に動作する場合

3.6 ラムダ式でなくメソッドで記述

3.2節「Taskと非同期」で解説したプログラムの並列化部分を、ラムダ式ではなくメソッドで書き換えた例を示します。プログラムの外観や、xamlなどは、まったく3.2節と同一ですので示しません。以降に、csファイルのソースリストの一部を示します。

リスト3.3●MainWindow.xaml.csの一部 （020 Async¥02AsyncAwait2¥）

```
     ⋮
// async, Heavy work
private static void SleepMethod()
{
    Thread.Sleep(5000);
}

// 「開始」ボタン
private async void BStart_Click(object sender, RoutedEventArgs e)
{
    bStart.IsEnabled = bClose.IsEnabled = false;
    textBox.Text = "処理中";

    await Task.Run(SleepMethod);

    textBox.Text = "本処理完了";
    bStart.IsEnabled = bClose.IsEnabled = true;
}
     ⋮
```

以降に、3.2節「Taskと非同期」の非同期部分のコードを示します。

```
await Task.Run(() => {
    Thread.Sleep(5000);      // Heavy work
});
```

上記に対する、今回のプログラムのコードを示します。

```
private static void SleepMethod()
{
    Thread.Sleep(5000);
}
     ⋮
    await Task.Run(SleepMethod);
```

　ラムダ式で記述していた部分を、SleepMethod メソッドへ移動します。もし、処理が長すぎて分かりにくい場合や、同じ処理を複数回使用する場合は、このようにメソッド化すると良いでしょう。一回しか使用しない捨てメソッドになる場合や、呼び出し元のオブジェクトを多数参照するときは、ラムダ式で記述すると良いでしょう。ただし、ラムダ式で当該メソッドのオブジェクトをたくさん参照すると、カプセル化を阻害するという側面もあります。ですので、各々のケースで使い分けると良いでしょう。本書では単純な例で示していますので、使い分けが実感しづらいでしょうが、本格的なプログラムを開発していくと、使い分けるメリットを実感できるでしょう。動作に関しては 3.2 節とまったく同じです。

3.7 戻り値

　最初に紹介した 3.2 節「Task と非同期」と近いですが、Task.Run メソッドで起動したイベントに対応した処理から戻り値を受け取る例を示します。プログラムの外観や、xaml などは、まったく 3.2 節と同一ですので示しません。以降に、cs ファイルのソースリストの一部を示します。

リスト3.4●MainWindow.xaml.csの一部（020 Async¥03AsyncResult¥）

```
 ⋮
private async void BStart_Click(object sender, RoutedEventArgs e)
{
    bStart.IsEnabled = bClose.IsEnabled = false;
    textBox.Text = "処理中";

    var Result = await Task.Run(() => {
        Thread.Sleep(5000);      // Heavy work
        return "本処理完了";
    });
```

```
        textBox.Text = Result;
        bStart.IsEnabled = bClose.IsEnabled = true;
    }
   ⋮
```

　これまで紹介したプログラムでは、イベントに対応した処理をラムダ式で記述し、その処理結果はメソッド内のオブジェクトで受け渡し、UI へ反映させることを前提としています。ここでは、より分かりやすく、ラムダ式（イベントに対応した処理）が結果を戻り値で返す例です。このように戻り値を使う方法を使用すると、より処理の関係性が分かりやすいでしょう。ただ、イベントに対応した処理が複雑で多数のオブジェクトを参照・変更する場合は、このような方法は採用できません。処理の内容に従って、先の方法と本節の方法を使い分けると良いでしょう。

Main メソッドを async へ

　C# 7.0 までは Main メソッドへ async を指定することはできませんでした。Main メソッドから別のメソッドを経由するか、MainAsync().GetAwaiter().GetResult();と記述し、async Task MainAsync() メソッドを定義して記述するのが普通です。C# 7.1 からは、static async Task Main(string[] args) のように Main メソッドに直接 async を指定でき、面倒がひとつ減りました。

その Task.Run メソッド必要ですか

　メソッドの処理部を必要もなく Task.Run メソッドで別スレッドにしていませんか。例えば、プログラムの改変などに伴い、処理自体がとても軽量に変更されているにもかかわらず、従来が別スレッドになっていたため、そのまま Task.Run メソッド使用しているときがあります。そのような場合、Task.Run メソッドなどで別スレッド化するのは単にプログラムを複雑にしているだけです。重い負荷や待ち時間が発生しない場合、普通のコードに戻しましょう。

　また、クラスが新規に Async メソッドを用意していることも少なくありません。そのような非同期メソッドが用意されている場合、Task.Run メソッドを使用せず、非同期メソッドに await を付けるか、あるいは結果を参照するようにしましょう。

その Invoke メソッド必要ですか

　メソッド呼び出しを何も考えず Invoke していませんか、単なるメソッド呼び出しを Invoke している場合があります。なぜ、Invoke メソッドなのか良く考えましょう。Invoke しても問題ないからと言って Invoke するのは止めましょう。なぜ、Invoke が必要か考えて適切に使いましょう。

その async/await 必要ですか

　メソッドの処理部を必要もなく async/await で記述していませんか。プログラムの改変などに伴い、処理自体がとても軽量に変更されているにもかかわらず、従来が async/await になっていたため、そのままになっていませんか。あるいは、async/await で問題なく動作しているという理由だけで非同期呼び出しにしていませんか。なぜ、async/await が必要か考えて適切に使いましょう。

3.8 非同期と Task の Wait メソッド

　非同期呼び出しと Task を利用するときに、Wait するなという記述を見かけると思います。なぜ、そのような記述があるのか解説します。なお、本節は async/await と Task を待つ処理を混在して記述することのない人などは読み飛ばして構いません。ただ、一般的には外部のライブラリを使用する、あるいは多人数で開発し、一部がブラックボックス化していることは良くあることです。ですので、一通り Task を Wait するとトラブルの元となる理由を理解しておくと良いでしょう。

　早速ですが、簡単に Wait でデッドロックするプログラムを紹介します。3.2 節「Task と非同期」と同様のプログラムですので異なる部分を強調して示します。外観や xaml は 3.2 節と同じですので省略します。以降に、「開始」ボタンをクリックした場合のコードを、3.2 節のコードと対比して示します。

リスト3.5●3.2節のコード（020 Async¥01AsyncAwait¥）

```
    ⋮
private async void BStart_Click(object sender, RoutedEventArgs e)
{
```

```
    //前処理
    ...

    //本処理
    await Task.Run(() =>
    {
        Thread.Sleep(5000);      // Heavy work
    });

    //後処理
    ...
}
  ⋮
```

このプログラムは問題なく動作します。

同じ処理を Task と、その Task を Wait するプログラムで記述すると、プログラムはデッドロックします。そのようなプログラムを以降に示します。

リスト3.6●本節のコード（020 Async¥11WaitDeadWpf¥）

```
  ⋮
// async Task
private async Task AwaitTask()
{
    await Task.Delay(100);      // dead lock
}

// 「開始」ボタン
private void BStart_Click(object sender, RoutedEventArgs e)
{
    //前処理
    ...

    //本処理
    Task t = AwaitTask();
    t.Wait();

    //後処理
    ...
}
  ⋮
```

このプログラムは、「開始」ボタンをクリックするとデッドロックを引き起こします。これが Task を Wait メソッドで待つなと言われている例です。なぜ、このコードがデッドロックするのか順を追って示します。最初のプログラムは、async/await を利用して、非同期処理を同期させています。本節のプログラムは、async/await と Wait メソッドが混在しています。本節のプログラムが、どのように動作しデッドロックを引き起こすか、その流れを箇条書きで示します。

（1）AwaitTask を Task として起動。
（2）上記 Task を Wait メソッドで待つ。
（3）Task 内で、await で Task.Delay(100); を行う。
（4）しばらくして Task.Delay(100); から元のスレッドへ戻ろうとする。
（5）元のスレッドは既に、Wait メソッドが掴んでいる。
（6）await の次の行は元のスレッドを取得しようと待ちに入る。

t.Wait(); は AwaitTask の完了を待ちます。つまり、この行は現在のスレッドを掴んだ（キャプチャした）ままです。AwaitTask メソッドの await の次の行は、Wait メソッドが掴んで（キャプチャして）いるスレッドを取得しようとします。当然、t.Wait(); が現在のスレッドを掴んだままなので、await の次の行は永遠に元のスレッドを取得できません。このように、お互いがお互いを待つため、プログラムはデッドロックします。これが、Task を Wait するなと言われている主要な理由です。正確には次節で解説しますが、ブロッキングと非同期コードを混在して使用するなと言うことです。

以降に、動作の概要を示します。メソッドと Task（スレッド）が入り組んでいますので、若干正確さを欠きますが大まかにデッドロックの様子を示します。

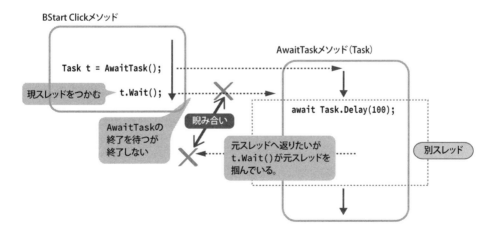

図3.17●デッドロックの様子

以降に、本節で紹介したプログラムの実行例を示します。

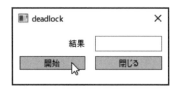

図3.18●デッドロック

「開始」ボタンを押すとデッドロックが発生し、以降何もできなくなります。プログラムを終了させるには、タスクマネージャーからタスクの終了などで停止しなければなりません。

ただし、このプログラムを簡単にデッドロックから解放する方法があります。それは

```
await Task.Delay(100);     // dead lock
```

を

```
await Task.Delay(100).ConfigureAwait(false);     // no deadlock
```

へ書き換えるだけです。ConfigureAwait(false) を使うと、元のスレッドに戻るか否かを制御できます。false を指定すると、別のスレッドでも構わないのでデッドロックは起きません。今回の例ではメインスレッドが Wait メソッドに掴まれているため、必ず別スレッドが使われます。

ただし、これには別の制限が発生します。ConfigureAwait(false) を指定し、直後で UI オブジェクトを更新するときは注意が必要です。ConfigureAwait(false) を指定した場合、元のスレッドに戻るかは不明です。と言うことは UI の更新ができるとは限らないということです。第4章「Task と UI 更新」で説明しますが、UI オブジェクトの操作は、UI オブジェクトを生成したスレッドからしかアクセスできないためです。言いかえると、UI オブジェクトの操作がない場合、ConfigureAwait(false) を指定すると Wait を使っても問題は起きません。

基本的に UI オブジェクトを更新する必要がある場合、Wait メソッドを利用せず async と await で記述するのが良いでしょう。そのようにすると、このようなデッドロックを起こすようなコードを記述することはありません。

このようなデッドロックはコンソールプログラムでは発生しません。これは、コンテキストの管理が WPF や Windows フォームアプリとコンソールプログラムでは異なるためです。詳細については「非同期プログラミングのベストプラクティス」（参考文献6）を詳しく読む必要があります。ただし、それなりの知識がないと理解できないでしょうし、内部のインプリメントまで絡んできますので、そこまで理解する価値があるかは個人の価値観次第です。

　ちなみに、本プログラムの await Task.Delay(100); を await Task.Delay(100).ConfigureAwait (false); へ書き換えて、実行し、スレッド ID の変化を観察してみます。

```
// async Task
private async Task AwaitTask()                          ─┐
{                                                        │  スレッド ID=1
    await Task.Delay(100).ConfigureAwait(false);    // no deadlock ─┘
}                              ◀──────────────────────── スレッド ID=6

// 「開始」ボタン
private void BStart_Click(object sender, RoutedEventArgs e)  ─┐
{                                                        │
    bStart.IsEnabled = bClose.IsEnabled = false;         │
    textBox.Text = "処理中";                             │
                                                         │
    Task t = AwaitTask();                                │  スレッド ID=1
    t.Wait();                                            │
                                                         │
    textBox.Text = "本処理完了";                         │
    bStart.IsEnabled = bClose.IsEnabled = true;          │
}                                                        ─┘
```

　網掛けのない部分がスレッド ID = 1、網掛けの部分がスレッド ID = 6 でした。ID 番号は、環境に左右されるでしょうが、このように、await Task.Delay(100).ConfigureAwait(false); 直後はスレッド ID = 6 でしたので、ここで UI オブジェクトをアクセスすると例外が発生します。

　ところが、本プログラムは並列処理する部分を別のメソッドで記述し、UI オブジェクトの更新は呼び出し元で行っています。このケースでは、呼び出し元はメインスレッドで動作しています。このような場合は、UI オブジェクトアクセスによる例外は発生しません。

■ Windows フォームアプリの例

　少し内容を変更し、同じような挙動を示すプログラムを Windows フォームアプリで記述した例を示します。

リスト3.7●ソースリストの一部

```
   ⋮
private async Task AwaitTask()
{
```

```
    await Task.Run(() =>
    {
    });
}

private void bStart_Click(object sender, EventArgs e)
{
        ⋮
    AwaitTask().Wait();
        ⋮
}
 ⋮
```

　基本的に同じ現象を発生させてデッドロックを引き起こします。WPF であろうが Windows
フォームアプリであろうが挙動に変化はありません。このプログラムをデッドロックから救うに
は、AwaitTask メソッドを以下のように書き換えると解決します。

```
private async Task AwaitTask()
{
    await Task.Run(() =>
    {
    }).ConfigureAwait(false);
}
```

　ただ、先に説明した制限がありますので、Wait せず async/await のみで記述する方を推奨しま
す。この例は、Task.Run メソッドの中身は何もありません。これでも簡単にデッドロックします。
最適化などされてしまうと困るので、なるべくなら、Task.Run メソッドに何か簡単なコードを記
述しておいた方が良いでしょう。

■ Task.Result でデッドロック

　Wait でデッドロックが発生することを説明しましたが、Task.Result を参照しても同じことが
起きます。Task.Result を参照（get アクセサーにアクセス）することは、非同期操作が完了する
まで Wait メソッドで待つことと同じです。つまり、呼び出し元が現在のスレッドを掴むと、デッ
ドロックが発生します。先に Wait メソッドでデッドロックした 3.7 節「非同期と Task の Wait メ
ソッド」と同じような現象を Task.Result を参照することで引き起こしてみましょう。まず、3.7
節のコードを示します。

```
    ⋮
// async Task
private async Task AwaitTask()
{
    await Task.Delay(100);      // dead lock
}

// 「開始」ボタン
private void BStart_Click(object sender, RoutedEventArgs e)
{
    //前処理
    bStart.IsEnabled = bClose.IsEnabled = false;
    textBox.Text = "処理中";

    //本処理
    Task t = AwaitTask();
    t.Wait();

    //後処理
    textBox.Text = "本処理完了";
    bStart.IsEnabled = bClose.IsEnabled = true;
}
    ⋮
```

　このコードは Wait メソッドを使うことによってデッドロックすることを解説済みです。次に、Task.Result を参照することでデッドロックするコードを示します。

リスト3.8●MainWindow.xaml.csの一部 （020 Async¥14WaitDeadResultWpf¥）

```
    ⋮
// async Task
private async Task<string> AwaitTask()
{
    await Task.Delay(100);
    return "本処理完了";
}

// 「開始」ボタン
private void BStart_Click(object sender, RoutedEventArgs e)
{
    ⋮
```

```
        //本処理
        var t = AwaitTask();
        var str = t.Result;
        ⋮
    }
    ⋮
```

Task.Result を参照するため、先の AwaitTask メソッドは Task でしたが、このコードは Task<string> です。このため、今回の AwaitTask メソッドは string を返します。呼び出し側は、先のコードは Wait メソッドを呼び出していましたが、今回のコードは t.Result を参照します。これは、Wait メソッドで待つことと等価ですのでデッドロックを引き起こします。ちなみに、

```
var t = AwaitTask();
var str = t.Result;
```

を

```
var str = AwaitTask().Result;
```

と記述しても同じです。

　このプログラムをデッドロックしないようにするには、以下のように記述すると解決します。変更部分に網掛します。単に Wait メソッド呼び出しや Result アクセスを排除しただけです。

```
    ⋮
// async Task
private async Task<string> AwaitTask()
{
    await Task.Delay(100);
    return "本処理完了";
}

// 「開始」ボタン
private async void BStart_Click(object sender, RoutedEventArgs e)
{
    //前処理
    bStart.IsEnabled = bClose.IsEnabled = false;
    textBox.Text = "処理中";
```

```
    //本処理
    var str = await AwaitTask();      // 正常動作

    //後処理
    textBox.Text = str;
    bStart.IsEnabled = bClose.IsEnabled = true;
}
 ⋮
```

　ただ、これでは async/await がネストしていますので、もっと単純に記述した方が良いでしょう。実際のプログラムは複雑になりますので、async/await と Task.Result の参照、あるいは Wait メソッドの呼び出しには十分な注意が必要です。いずれにしても、本節で説明したかったことは、Task.Result を参照することは、Wait メソッドで非同期操作が完了を待つことと同じであり、容易にデッドロックを引き起こすということです。

　先の、

```
var str = AwaitTask().Result;
```

は、

```
var t = AwaitTask();
t.Wait();
var str = t.Result;
```

と書いたのと等価です。つまり、Wait メソッドを利用していませんが、var str = t.Result; は t タスクの終了を待ちます。これによって、Wait メソッド呼び出しと同じ現象が発生します。このため、呼び出し先の await の次の行に移れなくなります。

　本節で、具体例などを示し個別に説明したことを次節の「非同期プログラミングガイドライン」で整理して示します。

3.9　非同期プログラミングガイドライン

　前節で非同期メソッドや Task、および Wait メソッドなどで発生する問題を具体的に示しました。ここでは、もう少し整理し、非同期プログラミングのガイドラインとして示します。これについては、米 Microsoft 社の「Async/Await - Best Practices in Asynchronous Programming」（参考文献 5）の「Async All the Way」節などに詳しい解説が公開されていますので、詳細についてはそちらを参照してください。本節では、非同期プログラミングのガイドラインを簡単にまとめて示します。本節を理解するには、非同期プログラミングの、少なくとも概要レベルについて理解していることを前提とします。

　本節では、スレッドをコンテキストと表現している場合があります。スレッドを切り替える場合、コンテキストスイッチが発生しますのでコンテキストを使用しますが、各スレッドのことと理解しても構いません。本節は、参照した Web サイトの表現を優先します。

　以降に、3 つの非同期プログラミングのガイドラインを示します。ルールではなくガイドラインですので、例外もあります。以降に示したものの背景や、何に適用できるかも示します。

表3.1●非同期プログラミングガイドラインのサマリ

番号	名前	説明	例外
1	async void を使用しない	async void の代わりに async Task を利用	イベントハンドラー
2	すべて非同期	ブロッキングと非同期コードを混在しない	コンソールプログラムの Main メソッド
3	コンテキスト	可能なときには ConfigureAwait を使用	コンテキストを必要とするメソッド

■ async void を使用しない

　非同期メソッドで使用できる戻り値の型には、Task、Task<T>、および void の 3 つがあります。非同期メソッドで自然な戻り値の型は Task と Task<T> だけです。同期メソッドを非同期メソッドへ変更する場合、型 T を返すメソッドは Task<T> を返す async メソッドになり、void を返すメソッドは Task を返す async メソッドになります。以降に、void を返す同期メソッドとそれに相当する非同期メソッドを示します。

```
void MethodSync()
{
```

```
  // 同期処理
}

async Task MethodAsync()
{
  // 非同期処理
}
```

　void を返す非同期メソッドには、イベントハンドラーを非同期にするという明確な目的があります。イベントハンドラーは、本来 void を返すため、void を返す非同期イベントハンドラーになります。イベントハンドラー以外で、async void の非同期メソッドを利用するのはやめましょう。

　Task または Task<T> を返す非同期メソッドは、await、Task.WhenAny、Task.WhenAll などを使って簡単に構成できます。void を返す非同期メソッドは、呼び出し側に完了を通知する簡単な方法がありません。void を返す非同期メソッド（async void メソッド）を開始するのは簡単ですが、完了を判断するのは容易ではありません。

　async Task メソッドと比べて、async void メソッドには複数のデメリットがあるのは明らかですが、イベントハンドラーは void であるため、イベントハンドラーで非同期処理したい場合、void を返す非同期メソッドにならざるを得ません。これが、async void の唯一の例外です。

　async void メソッドを呼び出し側が非同期であることを想定していない場合、大きな問題となることがあります。戻り値の型が Task であると、処理が戻ったときにその後の処理が続くことを認識しています。戻り値の型が void であると、呼び出し側は処理が戻ったときに、そのメソッドが完了したと想定します。これは、多くの予想外の問題を発生させる可能性があります。

■ すべて非同期

　「すべて非同期」とは、同期コードと非同期コードを、良く考えず混在させるべきではないということです。特に良くないのは、非同期コードを Task.Wait または Task.Result でブロックすることです。非同期プログラミングを試しているプログラマーが特に陥りやすいのは、プログラムのごく一部だけを非同期に変換し、それを同期でラップし、プログラムの残りの部分が変更の影響を受けないようにすることです。

　残念ながら、これらはデッドロックの問題を引き起こします。これについては、Wait メソッドでデッドロックする方法を、3.8 節「非同期と Task の Wait メソッド」などで具体的に示しています。なお、別の章でも説明していますが、コンソールアプリケーションではこのようなデッドロックは発生しません。

　以降に、同期を非同期に置き換える場合のチートシートを示します。

表3.2●同期操作を非同期に置き換える方法

目的	同期メソッド	代わりに使用するメソッド
バックグラウンドタスクの結果を取得	Task.Wait または Task.Result	await
任意のタスクの完了を待機	Task.WaitAny	await Task.WhenAny
複数タスクの結果を取得	Task.WaitAll	await Task.WhenAll
一定時間待機	Thread.Sleep	await Task.Delay

　3.8 節で示したデッドロックするプログラムを、上表の「複数タスクの結果を取得」を使って正常に動作するように変更したものを示します。以降に、「開始」ボタンをクリックした場合のコードを、3.2 節「Task と非同期」のコードと対比して示します。まず、デッドロックするプログラムのソースコードを示します。

リスト3.9●デッドロックするコード

```
      ⋮
// async Task
private async Task AwaitTask()
{
    await Task.Delay(100);    // dead lock
}

// 「開始」ボタン
private void BStart_Click(object sender, RoutedEventArgs e)
{
    //前処理
    …

    //本処理
    Task t = AwaitTask();
    t.Wait();

    //後処理
    …
}
      ⋮
```

　このプログラムの t.Wait(); を上表の「複数タスクの結果を取得」に従って書き換えてみましょう。待機するタスクが 1 つである場合は await Task.WhenAny でも構わないでしょう。

リスト3.10●本節のコード

```
    ⋮
// 「開始」ボタン
private async void BStart_Click(object sender, RoutedEventArgs e)
{
    //前処理
    …

    //本処理
    Task t = AwaitTask();
    await Task.WhenAll(t);  //t.Wait();

    //後処理
    …
}
    ⋮
```

　t.Wait();をawait Task.WhenAll(t);へ書き換え、メソッドへ async を指定することで解決できます。

■ コンテキスト

　コンテキスト（スレッド）の切り替えについて、デッドロックする挙動を具体的なプログラムで解説済みです。この問題はデッドロックだけでなくパフォーマンスへも影響を与えることがあります。非同期を使用した GUI を持つプログラムでは、UI スレッドを利用する async メソッドが多数存在する場合があり、ひとつのメソッドでは小さな負荷であっても応答に遅れが生じることがあります。

　この状況を改善するには、await に ConfigureAwait を指定し、異なるコンテキストで継続できるようにします。例えば、

```
await Task.Delay(1000);
```

と指定すると、Task.Delay が終了すると、元のコンテキストを要求します。このようなコードが多数存在すると、元のコンテキストは渋滞します。これを、以下のように変更すると、

```
await Task.Delay(1000).ConfigureAwait(false);
```

Task.Delay が終了すると以降は空いているコンテキスト、例えばスレッドプールから割り当てられたものが使用されます。これによって一つのコンテキストが要求されることはなく、空いているコンテキストが使用されます。これは負荷の軽減を招きパフォーマンスの向上にも寄与するでしょう。

パフォーマンスに加え、"ConfigureAwait(false)" を追加することによってデッドロックを回避させる機能もあります。これについては、具体的なプログラムを示し説明していますので、ここでは省略します。この手法は、プログラムを同期から非同期に段階的に変換する必要がある場合に役立ちます。

ConfigureAwait を指定できる場合は、すべての await に指定することを勧めします。これによって、1 つの（同一の）コンテキストを要求する非同期メソッドを低減でき、負荷が分散されるでしょう。コンテキストはタスクが待機している場合にのみキャプチャ（捕捉）されます。タスクが完了している場合、コンテキストはキャプチャされません。処理内容や環境に依存しますが、予想よりも早くタスクが完了する場合があります。そのような時にも、タスクを適切に処理する必要があります。例えば、以降に示すコードでは、

```
int delay = random.Next(2);
await Task.Delay(delay).ConfigureAwait(false);
```

Task.Delay が十分に高速に完了する場合、ConfigureAwait(false) は、ConfigureAwait(true) と同じように元のコンテキストが選ばれる可能性が高く、await 以降で UI オブジェクトをアクセスしても問題は起きません。Task.Delay が十分に高速でない場合は、true を指定すると、その時間だけ待たされます。ただし、必ず元のコンテキストが選ばれ await 以降で UI オブジェクトをアクセスしても問題は起きません。同様に、Task.Delay が十分に高速でないのに false を指定すると、待ちは発生しませんが、await に続くコードで UI オブジェクトをアクセスすると例外が発生します。これについても、具体的なサンプルプログラムを示していますので、詳細はそちらを参照してください。

現在のコンテキストが必要なメソッドで await の後に UI オブジェクトをアクセスするコードがある場合、ConfigureAwait を使用すべきではありません。WPF アプリケーションなどでは、非同期処理後に UI オブジェクトを操作するすべてのコードがこれに該当します。そのような場合は、データバインディングを利用するか Dispatcher などを利用しましょう。これらについても具体的なプログラムを第 4 章で示していますので、そちらを参照してください。

以降のコードは、GUI アプリケーションで使われる 1 つのパターンです。メソッドの先頭でボ

タンを無効にし、いくつかの待機メソッドを実行してから、イベントハンドラーの終了時にボタンを有効にします。この場合、イベントハンドラーは UI オブジェクトをアクセスする必要があるため、元のコンテキストでなければなりません。各 async メソッドには固有のコンテキストがあり、async メソッドが別の async メソッドを呼び出す場合、それぞれのコンテキストは無関係になります。以降に、ソースコードを示します。

リスト3.11●イベントハンドラー・ボタンを無効にして、再度有効へ

```
    ⋮
// async Task
private async Task AwaitTask()
{
    await Task.Delay(1000).ConfigureAwait(false);
}

//  「開始」ボタン
private async void BStart_Click(object sender, RoutedEventArgs e)
{
    //前処理
    bStart.IsEnabled = bClose.IsEnabled = false;
    textBox.Text = "処理中";

    try
    {
        //本処理
        await AwaitTask();
    }
    finally
    {
        // We are back on the original context for this method.
        //後処理
        textBox.Text = "本処理完了";
        bStart.IsEnabled = bClose.IsEnabled = true;
    }
}
    ⋮
```

　コンテキストに依存しないコードは、再利用しやすくなります。コンテキストに依存するコードとコンテキストに依存しないコードを分離するには、コンテキストに依存するコードを最小限に留めることです。先に示したコードでは、イベントハンドラーの主な処理を、テスト可能でコ

ンテキストに依存しない async Task メソッドである AwaitTask に記述し、コンテキストに依存するコードを最小限にします。

■ ガイドラインのまとめ

以降に、非同期プログラミングのガイドラインのまとめを示します。ルールではなくガイドラインですので、例外もあります。

表3.3●非同期プログラミングガイドラインのサマリ

番号	名前	説明	例外
1	async void を使用しない	async void の代わりに async Task を利用	イベントハンドラー
2	すべて非同期	ブロッキングと非同期コードを混在しない	コンソールプログラムの Main メソッド
3	コンテキスト	可能なときには ConfigureAwait を使用	コンテキストを必要とするメソッド

1番目のガイドライン

async void を使用せず async Task を使用することを勧めします。async Task メソッドは、エラー処理を簡略化し、テストなどが簡単になります。例外的な async void メソッドは、イベントハンドラーです。イベントハンドラーは必ず void を返します。イベントハンドラー以外で、async void メソッドを利用しないようにしましょう。

2番目のガイドライン

async とブロッキングコードを混在させないようにしましょう。async とブロッキングコードを混在させるとデッドロックや複雑なエラー、およびコンテキスト（スレッド）の予期しないブロックが発生する場合があります。例外的に、async とブロッキングコードを混在させて良いのは、コンソールプログラムの Main メソッドです。

3番目のガイドライン

ConfigureAwait を使用可能な場合は、必ず指定しましょう。コンテキスト（スレッド）に依存しないコードは、GUI アプリケーションのパフォーマンスを向上させ、部分的に非同期のコードベースに取り組む際のデッドロックを回避するのに役立ちます。これの例外は、await 後もコンテキスト（元スレッド）が必要な場合です。

DoEvents

デッドロックを避けるには、本節のガイドラインを守るのがよいでしょう。た
だ、DoEvents によってコンテキストを譲ると、デッドロックを避けられる場合も
ありますので、簡単に紹介します。デッドロックする Windows フォームアプリを
Application.DoEvents() を呼び出すことによって回避する例を示します。まず、デ
ッドロックするコードを示します。

```csharp
    ⋮
// async Task
private async Task AwaitTask()
{
    await Task.Run(() =>
    {
    });
}

// 「開始」ボタン
private void bStart_Click(object sender, EventArgs e)
{
    //前処理
    bStart.Enabled = bClose.Enabled = false;
    textBox.Text = "処理中";

    //本処理
    Task t = AwaitTask();
    t.Wait();

    //後処理
    textBox.Text = "本処理完了";
    bStart.Enabled = bClose.Enabled = true;
}
    ⋮
```

これまで紹介したように、t.Wait(); は AwaitTask の完了を待ちます。つまり、
この行は現在のスレッドを掴んだ（キャプチャした）ままです。AwaitTask メソッ
ドの await の次の行は、Wait メソッドが掴んで（キャプチャして）いるスレッド
を取得しようとします。当然、t.Wait(); が現在のスレッドを掴んだままなので、
await の次の行は永遠に元のスレッドを取得できません。このように、お互いがお

互いを待つため、プログラムはデッドロックします。これが、Task を Wait するなと言われている主要な理由です。正確には次節で解説しますが、ブロッキングと非同期コードを混在して使用するなと言うことです。

以降に、タイムアウトを指定した、Wait メソッドを while ループで監視するように変更したものを示します。この際にコンテキスト（スレッド）を一旦開放するように、Application.DoEvents() を呼び出すようにします。以降に。ソースコードを示します。

```
   :
// async Task
private async Task AwaitTask()
{
      ⋮
}

// 「開始」ボタン
private void bStart_Click(object sender, EventArgs e)
{
    //前処理
      ⋮

    //本処理
    Task t = AwaitTask();
    //t.Wait();
    while (!t.Wait(10)) Application.DoEvents();

    //後処理
      ⋮
}
   ⋮
```

t.Wait(); を while (!t.Wait(10)) Application.DoEvents(); へ変更するとデッドロックを避けられます。この while ループは AwaitTask メソッドの完了を一定時間観察したのちに、Application.DoEvents(); でコンテキストを解放します。これによって、AwaitTask メソッドは元のコンテキスト（スレッド）を取得できるようになり、終了へ向かいます。これにより、while ループに含まれる t.Wait(10) がタスクの完了を検出し、while ループも終了します。

ただし、Application.DoEvents(); は WPF には存在しません。代わりに、同様の動作を行うメソッドが、米 Microsoft 社の Web サイトに多数掲載されています。以

降に WPF の例も示します。

```
    ⋮
// WPF DoEvents
private void WPFDoEvents()
{
    Application.Current.Dispatcher.Invoke(
        DispatcherPriority.Background, (() => { }));
}

// async Task
private async Task AwaitTask()
{
    await Task.Delay(1000);
}

// 「開始」ボタン
private void BStart_Click(object sender, RoutedEventArgs e)
{
    //前処理
    bStart.IsEnabled = bClose.IsEnabled = false;
    textBox.Text = "処理中";

    //本処理
    Task t = AwaitTask();
    //t.Wait();
    while (!t.Wait(10)) WPFDoEvents();

    //後処理
    textBox.Text = "本処理完了";
    bStart.IsEnabled = bClose.IsEnabled = true;
}
    ⋮
```

　WPF でも、t.Wait(); を while (!t.Wait(10)) WPFDoEvents(); へ変更するとデッドロックを避けられます。先の例と違うのは、WPF には Application.DoEvents(); が存在しないため、Application.DoEvents(); と同様の機能を持つ、WPFDoEvents メソッドを自身で作成し、それを呼び出します。

第4章

Task と UI 更新

　本章では、並列処理と UI 更新について解説します。第 3 章「Task と非同期」と重なる部分も多いですが、本章では、並列処理と UI 更新にフォーカスして説明します。

　既に、前章で非同期と UI フリーズの解決法、そして並列処理から UI オブジェクトをアクセスしようとして例外が発生するのを避ける方法を解説しました。本章では、並列処理（Task クラスや Thread クラス）と、UI 更新について解説します。

　基本的に、前章の async/await の組み合わせによって、たいていの困難は解決できます。本章で解説する方法を利用しなくても問題解決できる人は読み飛ばすか、軽く流して構いません。C# の非同期や並列処理の理解が進んだ後に読み直すのも良いでしょう。

4.1　Task と async/await

　async/await は、UI 処理のイベントハンドラーを自然に記述するために導入されました。3.2 節「Task と非同期」では、async/await を使用して負荷が高い、あるいは待ちの長い UI 処理のイベントハンドラーを自然に記述する方法を紹介しました。Task と async/await の具体的なプログラムについてはそちらを参照してください。ほとんどイベントハンドラーはこの方法で記述できます。

4.2 Task クラスと Invoke

Task と async/await の組み合わせによって UI フリーズなどを避ける方法を、Invoke を利用し、同様の結果を得る方法を紹介します。UI や xaml は、これまでと同様なため説明は省きます。以降に、実際の処理を行う cs ファイルのソースリストを示します。

リスト4.1●MainWindow.xaml.cs（030 UI¥01TaskInvoke¥）

```csharp
using System;
using System.Windows;
using System.Threading;
using System.Threading.Tasks;

namespace WpfApp
{
    /// <summary>
    /// Interaction logic for MainWindow.xaml
    /// </summary>
    public partial class MainWindow : Window
    {
        public MainWindow()
        {
            InitializeComponent();

            Title = "Task & Invoke";
            label.Content = "結果";

            bStart.Content = "開始";
            bClose.Content = "閉じる";
        }

        // 「開始」ボタン
        private void BStart_Click(object sender, RoutedEventArgs e)
        {
            //前処理
            bStart.IsEnabled = bClose.IsEnabled = false;
            textBox.Text = "処理中";

            Task.Run(() =>
```

```
        {
            //本処理
            Thread.Sleep(5000);

            textBox.Dispatcher.Invoke(new Action(() =>
            {
                //後処理
                textBox.Text = "本処理完了";
                bStart.IsEnabled = bClose.IsEnabled = true;
            }));
        });
    }

    // 「閉じる」ボタン
    private void BClose_Click(object sender, RoutedEventArgs e)
    {
        Close();
    }
}
}
```

「開始」ボタンをクリックすると BStart_Click メソッドへ制御が渡ります。前処理の禁則処理やメソッドが開始したことを表す文字列をテキストボックスへ表示するのは、これまでと同様です。Task.Run メソッドを使用し、イベントに対応した処理を、別スレッドで実行します。このため、すぐに現在のメソッドを抜けます。Task.Run メソッドで起動されたスレッドで、イベントに対応した処理を並列実行します。この例では、「Thread.Sleep(5000);」でシミュレートし、疑似的に CPU を占有します。CPU を占有しても、この処理はワーカースレッドで並列実行されるため、プログラムがフリーズすることはありません。もし、Task を使用せず、「Thread.Sleep(5000);」と記述すると UI がフリーズしたような挙動を示します。

Task.Run メソッドで起動されたスレッドから UI オブジェクトへアクセスしたいのですが、UI オブジェクトを生成したスレッド以外からアクセスすると例外が発生します。このため、コントロール .Dispatcher.Invoke することによって、元のスレッドから UI オブジェクトへアクセスします。Invoke メソッドですので、ラムダ式の部分は UI スレッド側で同期的に動作します。つまり、Dispatcher.Invoke メソッドを呼び出すと、指定した処理が完了するまで次の行に制御は移りません。このように、UI オブジェクトを生成したスレッドと異なるスレッドから、その UI オブジェクトにアクセスしたい場合、スレッドセーフな Dispatcher.Invoke メソッドを呼び出します。Windows フォームアプリと WPF では Invoke メソッドの指定法が異なります。ここでは WPF の例を示します。Invoke メソッドへ渡す引数は Action デリゲートです。この例では、ラムダ式でテ

キストボックスの表示とボタンの有効化を行います。以降に実行例を示します。

| 「開始」ボタンをクリック | ウィンドウを移動 | 処理終了 |

図4.1●実行例

「開始」ボタンを押すと、処理が終わるまでボタンを押せないようにボタンはディセーブルされます。同時にイベントに対応した処理が開始したことを表す文字列がテキストボックスへ表示されます。イベントに対応した処理が動作している間も、UI は応答できるのでウィンドウのタイトルを掴んで移動などができます。イベントに対応した処理が完了すると、処理が完了したことを表す文字列がテキストボックスへ表示され、ボタンは有効になります。この動作を図で示します。

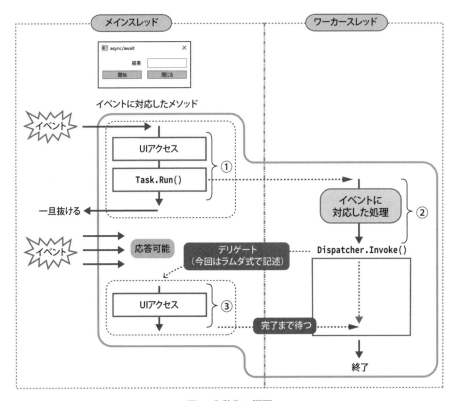

図4.2●動作の概要

■ Windows フォームアプリの例

同じ処理を Windows フォームアプリで記述した例を示します。ほとんど同じですので、「開始」ボタンを押したときに対応するメソッドのみ示します。以降に、ソースリストの一部を示します。

```
    ⋮
// 「開始」ボタン
private void bStart_Click(object sender, EventArgs e)
{
    //前処理
    bStart.Enabled = bClose.Enabled = false;
    textBox.Text = "処理中";

    Task.Run(() =>
    //_ = Task.Run(() =>
    {
        //本処理
        Thread.Sleep(5000);

        textBox.Invoke(new Action(() =>
        {
            //後処理
            textBox.Text = "本処理完了";
            bStart.Enabled = bClose.Enabled = true;
        }));
    });
}
    ⋮
```

WPF では、

```
textBox.Dispatcher.Invoke(new Action(() =>
```

でしたが、Windows フォームアプリでは、

```
textBox.Invoke(new Action(() =>
```

へ変わるだけです。以降に実行例を示します。

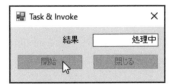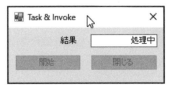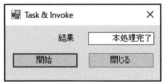

「開始」ボタンをクリック　　　ウィンドウを移動　　　処理終了

図4.3●実行例

Windows フォームアプリを HDPI 化

　Windows フォームアプリが HDPI（高 DPI）対応できないため、WPF などへの移行が推奨されています。しかし、依然として Windows フォームアプリの需要は多く、C# も Windows フォームアプリを HDPI 化する方法を次第に充実させています。

　高 DPI の認識をサポートする Windows フォームアプリの新しい機能は、.NET Framework 4.7 以降を対象とし、Windows 10 Creators Update 以降の Windows オペレーティングシステムで実行されているアプリケーションが対象です。ここでは、Windows フォームアプリを簡易的に HDPI 化する方法を説明します。

（1）`AutoScaleMode`
　　`Form` プロパティの `AutoScaleMode` を `Dpi` に設定します。あるいは、`Form` のコンストラクターに以下の行を追加します。

```
AutoScaleMode = AutoScaleMode.Dpi;
```

（2）`app.manifest` を作成し、コメントを外す
　　プロジェクトを選択した状態で［右クリック］→［追加］→［新しい項目］→［アプリケーション マニフェスト ファイル (Windows のみ)］を押してプロジェクト下に `app.manifest` ファイルを作成します。`app.manifest` ファイルの以下の部分のコメントを解除します。

```
<!--
<application xmlns="urn:schemas-microsoft-com:asm.v3">
  <windowsSettings>
    <dpiAware xmlns="http://schemas.microsoft.com/SMI/2005/
WindowsSettings">true</dpiAware>
    <longPathAware xmlns="http://schemas.microsoft.com/SMI/2016/
WindowsSettings">true</longPathAware>
  </windowsSettings>
```

```
</application>
-->
```

これだけの作業で、Windows フォームアプリが高 DPI 対応となります。ただし、
WPF などのように完全に高 DPI をサポートできません。この設定では、起動中の
DPI 変更（Dynamic DPI）や、モニタ別の DPI（Per monitor DPI）はサポート対象外
です。

(3) フォントやピクセル操作

これまでで十分ですが、フォントの種類などによっては、不都合が発生する
場合があります。フォントはレイアウトが崩れる原因になりますのでビット
マップ部分を含むものは避けましょう。また、ピクセル単位の操作を行って
いる場合は、96dpi に対する現在の DPI 比率を宣言し、補正します。

```
例：DpiScale = ((new System.Windows.Forms.Form()).CreateGraphics().
DpiX) / 96;
```

この係数を、ピクセル操作の際に乗じてください。

ほかにも細かな条件や機能がありますので、詳しくはマイクロソフト社の Web
サイトの記事「High DPI support in Windows Forms」（参考文献 9）などを参照し
てください。

4.3 Thread クラスと Invoke メソッド

最初のプログラムを変更し、Task クラスの代わりに Thread クラスとコントロールの Invoke メ
ソッドを使用する方法を紹介します。Thread クラスを使用して生成したワーカースレッドから、
デリゲート経由でメインスレッドに属する UI に処理結果を表示します。Thread クラスを利用した
並列化は古い方法ですので、興味のない人は本節を読み飛ばして構いません。以降に、最初とプ
ログラムと異なる部分を中心に、ソースリストの一部を示します。

リスト4.2●MainWindow.xaml.csの一部 (030 UI¥02ThreadInvoke¥)

```csharp
       :
// 「開始」ボタン
private void BStart_Click(object sender, RoutedEventArgs e)
{
    //前処理
    bStart.IsEnabled = bClose.IsEnabled = false;
    textBox.Text = "処理中";

    // スレッドを生成/開始
    Thread thread = new Thread(ThreadSub);
    thread.Start();
}

// スレッドメソッド
private void ThreadSub()
{
    //本処理
    Thread.Sleep(5000);

    //後処理
    textBox.Dispatcher.Invoke(new Action(() =>
    {
        textBox.Text = "本処理完了";
        bStart.IsEnabled = bClose.IsEnabled = true;
    }));
}
       :
```

「開始」ボタンをクリックすると BStart_Click メソッドへ制御が渡ります。先のプログラムは Task.Run メソッドを使用し、別のスレッドでイベントに対応した処理をします。本プログラムは、Task.Run メソッドの代わりに、Thread クラスを使用して、別スレッドを生成します。Thread クラスの新しいインスタンスは、ThreadStart デリゲートを唯一の引数とするコンストラクターを使用して作成されます。コンストラクターに ThreadStart デリゲートを指定しますが、ここでは省略形を使用し、以下のように記述しています。

```csharp
Thread thread = new Thread(ThreadSub);
```

これは、

```
Thread thread = new Thread(new ThreadStart(ThreadSub));
```

と等価です。次に、Start メソッドで、threadSub メソッドをスレッドとして起動します。Start メソッドが呼び出されると、ThreadStart デリゲートで参照されるメソッドの最初の行から実行が開始されます。本メソッドは、スレッドを起動したらすぐに終了します。

　threadSub メソッドはスレッドとして起動されます。本スレッドでイベントに対応した処理を実行し、終了したら処理結果を UI に表示します。UI の更新部分は、先の Task クラスを使ったプログラムとまったく同一です。動作なども、先の Task クラスを使ったプログラムと同じなので説明は省きます。単純に Task クラスを Thread クラスへ書き換えただけです。特別な理由がない限り Task クラスで記述して構わないでしょう。

■ ラムダ式をデリゲートへ

　これまでは、Invoke にラムダ式を記述しましたが、デリゲートを与えることもできます。一般的にデリゲート経由のメソッドを使う必要はありませんが、メソッドをほかでも使いたい、あるいは、よりカプセル化して読みやすくしたいなどの理由があれば、メソッドをデリゲート経由で呼ぶのも良いでしょう。以降に、先のプログラムを書き換えたリストを示します。

リスト4.3●MainWindow.xaml.csの一部（030 UI¥03ThreadInvoke2¥）

```
    ⋮
// UI更新
private void UpdateUI(String msg, bool FEnable)
{
    textBox.Text = msg;
    bStart.IsEnabled = bClose.IsEnabled = FEnable;
}

// スレッドメソッド
private void ThreadSub()
{
    //本処理
    Thread.Sleep(5000);

    //結果表示
    textBox.Dispatcher.Invoke(
```

```
        UpdateUI, new object[] { "本処理完了", true });
}
    ⋮
```

コードの記述を変更しただけですので、特に説明の必要はないでしょう。ちなみに、

```
textBox.Dispatcher.Invoke(
    UpdateUI, new object[] { "本処理完了", true });
```

は、

```
textBox.Dispatcher.Invoke(
    new Action<String>(UpdateUI), new object[] { "本処理完了", true });
```

と記述しても構いません。

■ Invoke メソッドの必要性判断

これまでのコードを、より一般的に記述した例を示します。先のプログラムは、Invoke される
メソッドは UI オブジェクト（コントロール）を直接操作できないことを前提としています。この
ような場合、呼び出し元が必ず UI オブジェクトをアクセスできるかできないか把握し、呼び出し
方を変更する必要があります。これでは不具合を作りこんでしまう場合や、プログラミング時に
どちらのスレッドで動作するかを常に意識しておかなければなりません。そこで、メソッド自身
で、UI オブジェクトを直接操作できるか否か判断し、メソッド自身でアクセス法を変更する例を
示します。

リスト4.4●MainWindow.xaml.csの一部　（030 UI¥04ThreadInvokeOwn¥）

```
    ⋮
// 「開始」ボタン
private void BStart_Click(object sender, RoutedEventArgs e)
{
    //前処理
    UpdateUI("処理中", false);

    // スレッドを生成/開始
    Thread thread = new Thread(ThreadSub);
    thread.Start();
```

```
}

// UI更新
private void UpdateUI(St
{
    if (this.textBox.Disp
    {
        textBox.Text = msg
        bStart.IsEnabled =
    }
    else
    {
        textBox.Dispatcher.                      msg, true });
    }
}

// スレッドメソッド
private void ThreadSub()
{
    //本処理
    Thread.Sleep(5000);

    //結果表示
    UpdateUI("本処理完了", true)
}
    ⋮
```

　リストに示すように、UI を更新する UpdateUI メソッドを、どちらのスレッドからでも直接呼び出します。UI の更新は、UI オブジェクトを生成したスレッドから実行しなければなりません。このため、別スレッドから画面更新を行う場合、先のプログラムのように記述すると、別スレッドからは Invoke する必要があります。ここで示すプログラムは、Invoke メソッドが必要か、そうでないかの判断を UpdateUI メソッドへ押し込め、自身がその判断を行うようにします。そのため、このメソッドの呼び出し元が、どのスレッドに属しているか意識する必要はありません。呼び出し側はスレッドと UI オブジェクトの関係を無視し、UI 更新メソッドを呼び出すことができます。

　UI 更新メソッドは、アクセスするコントロールに用意された Dispatcher.CheckAccess メソッド（Windows フォームアプリの場合は InvokeRequired プロパティ）で判断し、直接コントロールの操作が可能か、あるいは自身を Invoke する必要があるか調べて適切な処理を行います。

4.4 Task クラスと Beg...

　BeginInvoke メソッドを使って UI オブジェクトをアクセ...
ドは、コントロールの基になるウィンドウ ハンドルを所有...
トを同期的に実行します。つまり Invoke メソッドへ指定した...
るまで、呼び出し元は待たされます。ここでは、Invoke メソッ...
メソッドを利用する例を紹介します。非同期呼び出しでは、呼び...
し元の処理が並行して動作します。その代わり、呼び出したメソッ...
ら確認しなければならない場合、何らかの対応が必要です。

　なお、BeginInvoke メソッドを利用して非同期呼び出しを行うのは、現在...
このため、BeginInvoke メソッドなどに興味のない人は、時間のあるときに...ないで
しょう。すぐに、BeginInvoke メソッドを使いたいという人以外は読み飛ばして...構いません。

　C# では、デリゲートを使用して、すべてのメソッドを非同期的に呼び出すことができます。現
在ではデリゲートを自身で定義することは稀で、ほとんどの場合、組み込みデリゲートの Action
デリゲートや Func デリゲートを利用します。自身でデリゲート定義するときは、実体のシグネ
チャと同一にすることに注意してください。

　まず、BeginInvoke メソッドで非同期呼び出しを行います。非同期呼び出しを行うと、呼び出し
先の完了を待つことなく、制御がすぐに呼び出し元に戻ります。

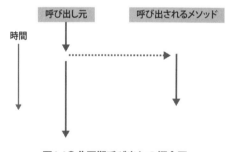

図4.4●非同期呼び出しの概念図

　したがって、制御が戻ってきたというだけでは、呼び出し先で操作したメンバ変数などの
データを参照しても、それが呼び出しによる処理の結果であるか不明です。このような場合、
BeginInvoke メソッドが返す IAsyncResult を使用して、呼び出し先の状況を監視します。

　非同期呼び出し BeginInvoke メソッドと同期するため、また非同期呼び出しの結果を取得す
るため、EndInvoke メソッドを使用します。EndInvoke メソッドは、BeginInvoke メソッドの呼
び出し以降であればいつでも呼び出すことができます。非同期呼び出しが完了していない場合、

C# 非同期・並列プログラミング入門
Task・async/await・Invoke の要諦を学ぶ
北山 洋幸 著
株式会社カットシステム
ISBN978-4-87783-528-6 C3004 ¥3000E
9784877835286
1923004030004
〒169-0073
東京都新宿区百人町4-9-7
TEL：03-5348-3850
FAX：03-5348-3851
https://www.cutt.co.jp/

EndInvoke メソッド呼び出しは非同期呼び出しが完了するまでブロックされます。EndInvoke メソッドの引数には、BeginInvoke メソッドによって返された IAsyncResult を指定します。

　呼び出し元は、非同期呼び出しを行った後、呼び出しと関係のない処理などを行うのが一般的です。それらが完了したら EndInvoke メソッドを呼び出します。

　IAsyncResult.AsyncWaitHandle を使用して状態を監視することもできます。たとえば、WaitHandle を取得し、WaitOne メソッドを使用して完了を待つ方法や、IAsyncResult をポーリングして非同期呼び出しが完了したか確認する方法もあります。いずれにしても、最後は EndInvoke メソッドを呼び出します。

　完了をもう少し簡単に、かつ効率的に取得するために、コールバックメソッドのデリゲートを BeginInvoke メソッドに渡す方法もあります。

　本プログラムは、4.2 節「Task クラスと Invoke」の Invoke メソッドを BeginInvoke メソッドへ書き換えたものです。以降に、ソースリストの一部を示します。

リスト4.5●MainWindow.xaml.csの一部 （030 UI¥05TaskBeginInvoke¥）

```
      ⋮
private void BStart_Click(object sender, RoutedEventArgs e)
{
    //前処理
      ⋮

    Task.Run(() =>
    {
        ⋮
        // 同期させない例
        textBox.Dispatcher.BeginInvoke(new Action(() =>
        {
            ⋮
        }));
    });
}
  ⋮
```

　単純に Invoke メソッドを BeginInvoke メソッドへ書き換えただけです。BeginInvoke メソッドでデリゲートを非同期で呼び出し、同期処理は行っていません。本プログラムはウィンドウを持つプログラムですので、2 つのスレッドが同期しなくても大きな問題は起きません。非同期で起動されたメソッドの完了を待つ必要がある場合は、Wait メソッドなどで同期する必要があります。

　動作は、4.2 節「Task クラスと Invoke」と同様ですが、内部動作は異なります。以降に、動作の流れを図で示します。

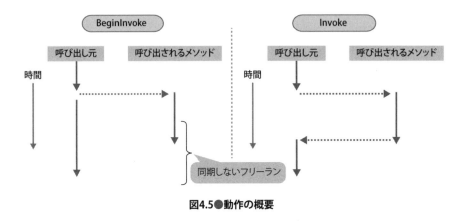

図4.5●動作の概要

■ 同期する

　先のプログラムは、BeginInvoke メソッドで非同期呼び出ししたメソッドと同期しません。ここでは、Wait メソッドで、非同期メソッドの完了を監視し同期する例を紹介します。ほぼ、Invoke メソッドと同様の挙動を示します。以降に、直前のプログラムと比較した、ソースリストの一部を示します。

```
private void BStart_Click(object sender, RoutedEventArgs e)
{
    //前処理
     ⋮
    Task.Run(() =>
    {
        //本処理
         ⋮
        // 同期させるInvokeと等価
        DispatcherOperation Do = textBox.Dispatcher.BeginInvoke(new Action(() =>
        {
             ⋮
        }));

        // ここで何らかの処理を行える。

        Do.Wait();  // 同期
```

```
    });
}
```

Wait メソッドを呼び出すタイミングで、どのような挙動を示すか図で説明します。

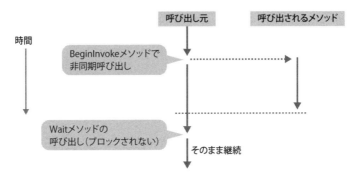

図4.6●呼び出し元がブロックされない様子

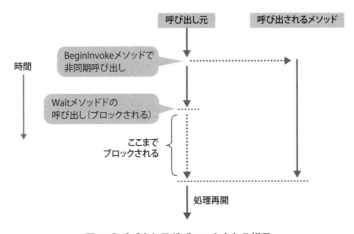

図4.7●呼び出し元がブロックされる様子

Dispatcher.BeginInvoke メソッドの直後で Wait メソッドを呼び出すと Invoke メソッドと等価な動作となります。

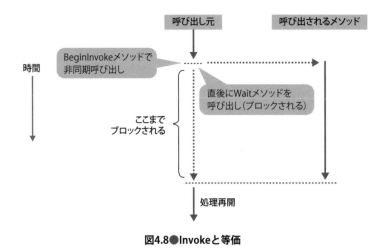

図4.8●Invokeと等価

■ Windows フォームアプリ

　同じ処理を Windows フォームアプリで記述した例を示します。ほとんど同じですので、「開始」
ボタンを押したときに対応するメソッドのみ示します。以降に、ソースリストの一部を示します。

```csharp
// 「開始」ボタン
private void bStart_Click(object sender, EventArgs e)
{
    //前処理
     ⋮
    Task.Run(() =>
    {
        //本処理
        Thread.Sleep(5000);

        IAsyncResult ar = textBox.BeginInvoke(new Action(() =>
        {
             ⋮
        }));

        // ここで何らかの処理を行える。

        textBox.EndInvoke(ar);  // 同期
    });
}
```

WPF では、

```
DispatcherOperation Do = textBox.Dispatcher.BeginInvoke(new Action(() =>
```

と、

```
Do.Wait();
```

の対でした。

Windows フォームアプリでは、

```
IAsyncResult ar = textBox.BeginInvoke(new Action(() =>
```

と、

```
textBox.EndInvoke(ar);
```

の対へ変わります。

4.5 Task クラスと InvokeAsync メソッド

　従来から存在する BeginInvoke メソッドと同様な非同期メソッド InvokeAsync メソッドが、.NET Framework 4.5 で Dispatcher クラスに追加されました。単純に古い BeginInvoke メソッドの代わりに新しい InvokeAsync メソッドを使用すれば良いわけではなく、これらのメソッドは例外処理方法が異なっています。今回は、例外を利用しないため、単純に BeginInvoke メソッドを InvokeAsync メソッドに差し替えると、同様の動作を行うプログラムになります。非同期や並列処理における例外の扱いについては章を設け後述します。

　以降に、これまでと同様のプログラムを InvokeAsync メソッドで書き換えたプログラムの一部を示します。

リスト4.6●MainWindow.xaml.csの一部 （030 UI¥06TaskInvokeAsync¥）

```
    ⋮
private void BStart_Click(object sender, RoutedEventArgs e)
{
    //前処理
    bStart.IsEnabled = bClose.IsEnabled = false;
    textBox.Text = "処理中";

    Task.Run(() =>
    //_ = Task.Run(() =>
    {
        //本処理
        ⋮
        // 同期させない例
        textBox.Dispatcher.InvokeAsync((() =>
        {
            ⋮
        }));
    });
}
    ⋮
```

　既に紹介したプログラムの BeginInvoke メソッドを InvokeAsync メソッドに差し替えるだけです。動作は、先のものと同じです。

4.6 頻繁に UI 更新

　これまでは、ある程度の塊を処理したのちに UI を更新する例を示しました。現実のプログラムでは、UI スレッド外から UI を頻繁に更新したい場合があります。本節以降で、異なるスレッドから UI オブジェクトを頻繁にアクセスするプログラムを紹介します。

　本節では、プログレスバーを表示するプログラムを示します。このようなときは、Task と非同期を用いて解決するのが一般的です。典型的な WPF の例を示します。まず、プログラムの外観と xaml のソースリストを次に示します。

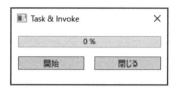

図4.9●プログラムの外観

リスト4.7●MainWindow.xaml（030 UI¥11TaskInvokeBar¥）

```xml
<Window x:Class="WpfApp.MainWindow"
        xmlns="http://schemas.microsoft.com/winfx/2006/xaml/presentation"
        xmlns:x="http://schemas.microsoft.com/winfx/2006/xaml"
        xmlns:d="http://schemas.microsoft.com/expression/blend/2008"
        xmlns:mc="http://schemas.openxmlformats.org/markup-compatibility/2006"
        xmlns:local="clr-namespace:WpfApp"
        mc:Ignorable="d"
        Title="MainWindow" Height="120" Width="250"
        ResizeMode="NoResize">
    <Grid>
        <ProgressBar x:Name="AProgressBar" HorizontalAlignment="Left"
                     Height="17" Margin="10,10,0,0" VerticalAlignment="Top"
                     Width="215" ValueChanged="AProgressBar_ValueChanged"/>
        <TextBlock x:Name="ATextBlock" Margin="10,10,0,0"
                     HorizontalAlignment="Left" VerticalAlignment="Top"
                     Text="0 %" Width="215" FontSize="11" Height="17"
                     TextAlignment="Center"/>
        <Button x:Name="bStart" Content="bStart" Margin="10,40,0,0"
                     HorizontalAlignment="Left"  VerticalAlignment="Top"
                     Width="100" Click="BStart_Click"/>
        <Button x:Name="bClose" Content="bClose" Margin="125,40,0,0"
                     HorizontalAlignment="Left" VerticalAlignment="Top"
                     Width="100" Click="BClose_Click"/>
    </Grid>
</Window>
```

xaml ファイルでは、フォームの定義を行っているだけですので、説明は省略します。次に、実際の処理を行う cs ファイルのソースリストを示します。

リスト4.8●MainWindow.xaml.cs （030 UI¥11TaskInvokeBar¥）

```csharp
using System.Windows;
using System.Threading;
using System.Threading.Tasks;

namespace WpfApp
{
    /// <summary>
    /// Interaction logic for MainWindow.xaml
    /// </summary>
    public partial class MainWindow : Window
    {
        public MainWindow()
        {
            InitializeComponent();

            Title = "Task & Invoke";

            bStart.Content = "開始";
            bClose.Content = "閉じる";
        }

        // 「開始」ボタン
        private void BStart_Click(object sender, RoutedEventArgs e)
        {
            bStart.IsEnabled = bClose.IsEnabled = false;

            AProgressBar.Value = 0;
            Task.Run(() =>
            {
                for (int i = 0; i < 100; i++)
                {
                    Thread.Sleep(50);
                    Application.Current.Dispatcher.Invoke(() =>
                    {
                        AProgressBar.Value += 1;
                        if (AProgressBar.Value == 100)
                            bStart.IsEnabled = bClose.IsEnabled = true;
                    });
                }
            });
```

```
        }

        // 「閉じる」ボタン
        private void BClose_Click(object sender, RoutedEventArgs e)
        {
            Close();
        }

        //表示更新
        private void AProgressBar_ValueChanged(object sender, RoutedEventArgs e)
        {
            ATextBlock.Text = AProgressBar.Value.ToString() + " %";
        }
    }
}
```

　「開始」ボタンをクリックすると BStart_Click メソッドへ制御が渡ります。前処理で、ボタンを押せないように禁則処理を行います。次に、何らかの処理を行いながら進捗を表示します。本プログラムは、「開始」ボタンに対応する処理を、for ループ内の「Thread.Sleep(50);」でシミュレートします。そして進捗をプログレスバーとテキストで、使用者に知らせます。動作中のスレッドは UI オブジェクトを操作できませんので、Dispatcher.Invoke メソッドにラムダ式を与え、UI オブジェクトをアクセスします。プログレスバーの値はラムダ式内で変更していますが、進捗の％を表すテキストの変更は行っていません。これは、xaml ファイルの「ValueChanged="AProgressBar_ValueChanged"」で、プログレスバーの値が変化したときに、AProgressBar_ValueChanged メソッドへ制御が渡ることを利用して変更しています。ちなみに、Task.Run メソッドに await を与えていないため、このメソッドは、Task.Run メソッドでスレッドを起動後すぐに終了します。このため、メインスレッドと起動したスレッドは並列に動作し、ボタンを有効化するタイミングが掴めません。そこで、AProgressBar.Value の値が 100 になった瞬間に有効化しています。この方法は AProgressBar.Value の取りうる値に依存するため最良の方法とはいえないでしょう。次節で、非同期にすることによって、より良い方法を紹介します。以降に実行例を示します。

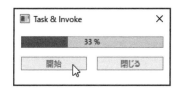 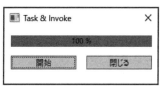

図4.10●実行例

　「開始」ボタンを押すと、処理が終わるまでボタンを押せないようにボタンはディセーブルさ

れます。同時にプログレスバーが伸びると共に%がテキストで表示されます。プログレスバーが100%に達すると、ボタンが有効になります。イベントに対応した処理が動作している間（プログレスバーが変化中）も、UIは応答できるので、フォームのタイトルを掴んでフォームを移動できます。この動作を図で示します。

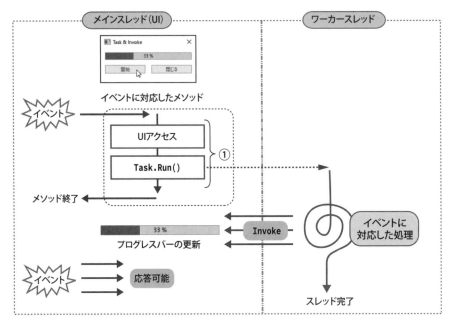

図4.11●動作の概要

■ async/await を使って頻繁に UI 更新

先のプログラムを少し変更し、async/awaitを使って改良します。前節を拡張したもので、基本的な動作は前節と同様です。主な変更は、BStart_Click メソッドだけですので、ソースリストは一部のみ示します。

リスト4.9●MainWindow.xaml.csの一部（030 UI¥12TaskInvokeBarAwait¥）

```
  ⋮
// 「開始」ボタン
private async void BStart_Click(object sender, RoutedEventArgs e)
{
    bStart.IsEnabled = bClose.IsEnabled = false;

    AProgressBar.Value = 0;
```

```
    await Task.Run(() =>
    {
        for (int i = 0; i < 100; i++)
        {
            Thread.Sleep(50);
            Application.Current.Dispatcher.Invoke(() =>
            {
                AProgressBar.Value += 1;
            });
        }
    });
    bStart.IsEnabled = bClose.IsEnabled = true;
}
 ：
```

　このプログラムは、先のプログラムを非同期へ書き換えたものです。このため、BStart_
Click メソッドに async を付与し、Task.Run メソッドに await を指定します。これによって、
すべて完了したときにボタンを有効化する部分をラムダ式内に記述する必要はなくなり、かつ
AProgressBar.Value の値を検査する必要もありません。単純に非同期部分が完了したらボタンを
有効化します。このような単純なプログラムな場合、こちらの手法を採用する方が良いでしょう。
動作は、直前のプログラムとまったく同じです。

4.7　BackgroundWorker で頻繁に UI 更新

　これまでは Task クラスを使用しましたが、ここでは BackgroundWorker クラスを使用する方法
を解説します。xaml のソースリストは変更がありません。cs ファイルは、変更しますので全体を
示します。

リスト4.10●MainWindow.xaml.cs（030 UI¥21BackgroundWorker¥）

```
using System.Windows;
using System.ComponentModel;
using System.Threading;

namespace WpfApp
{
```

```
/// <summary>
/// Interaction logic for MainWindow.xaml
/// </summary>
public partial class MainWindow : Window
{
    private BackgroundWorker? BW;

    public MainWindow()
    {
        InitializeComponent();

        Title = "BackgroundWorker";

        bStart.Content = "開始";
        bClose.Content = "閉じる";

        BW = new BackgroundWorker();
        BW.DoWork += OnDoWork;
        BW.ProgressChanged += OnProgressChanged;
        BW.RunWorkerCompleted += OnRunWorkerCompleted;
        BW.WorkerReportsProgress = true;
    }

    // 「開始」ボタン
    private void BStart_Click(object sender, RoutedEventArgs e)
    {
        bStart.IsEnabled = bClose.IsEnabled = false;
        BW?.RunWorkerAsync(); // Background Worker開始
    }

    // 「閉じる」ボタン
    private void BClose_Click(object sender, RoutedEventArgs e)
    {
        Close();
    }

    // Background Worker
    private void OnDoWork(object? sender, DoWorkEventArgs e)
    {
        for (int i = 0; i < 100; i++)
        {
            Thread.Sleep(50);
```

```
                            BW?.ReportProgress(i + 1);
            }
        }


        // Progress
        private void OnProgressChanged(object? sender, ProgressChangedEventArgs e)
        {
            AProgressBar.Value = e.ProgressPercentage;
        }


        //表示更新
        private void AProgressBar_ValueChanged(object sender, RoutedEventArgs e)
        {
            ATextBlock.Text = AProgressBar.Value.ToString() + " %";
        }


        // WorkerCompleted
        private void OnRunWorkerCompleted(object? sender,
                                                 RunWorkerCompletedEventArgs e)
        {
            bStart.IsEnabled = bClose.IsEnabled = true;
        }
    }
}
```

まず、コンストラクターで BackgroundWorker クラスのインスタンス BW を生成します。生成した BW にイベントハンドラーを登録します。OnDoWork メソッドは、バックグラウンドで動作するスレッドメソッドです。OnProgressChanged メソッドは、インスタンス BW の ReportProgress メソッドが呼び出されたときに間接的に起動されるメソッドです。OnRunWorkerCompleted メソッドは、バックグラウンドで動作している OnDoWork メソッドが終了したときに呼び出されます。

大まかな処理の流れを箇条書きで示すと次のようになります。

① ユーザーが「開始」ボタンを押します。
②「開始」ボタンに対応する BStart_Click メソッドが呼び出されます。
③ そのメソッドで、ボタンを無効化したのち、RunWorkerAsync メソッドを呼び出します。
④ すると間接的に DoWork イベントが発生し、OnDoWork メソッドがバックグラウンドスレッドとして起動します。ここで目的の処理を行います。状況を利用者に知らせるため、適宜 ReportProgress メソッドを呼び出します。

⑤ すると、OnProgressChanged メソッドが間接的に呼び出されますので、AProgressBar の
Value プロパティに e.ProgressPercentage を設定します。これが進捗を表します。

⑥ AProgressBar の Value が変化すると、xaml ファイルに「ValueChanged="AProgressBar_
ValueChanged"」と指定してあるため、AProgressBar_ValueChanged メソッドへ制御が渡り
ます、このメソッドで進捗を表す完了率（%）のテキストを表示します。

⑦ DoWork イベントで起動された OnDoWork メソッドが終了すると OnRunWorkerCompleted メソッ
ドが呼び出されますので、このメソッドでボタンを有効化します。

なお、

```
BW.DoWork += OnDoWork;
BW.ProgressChanged += OnProgressChanged;
BW.RunWorkerCompleted += OnRunWorkerCompleted;
```

は、丁寧に記述するとデリゲートを指定し、

```
BW.DoWork += new DoWorkEventHandler(OnDoWork);
BW.ProgressChanged += new ProgressChangedEventHandler(OnProgressChanged);
BW.RunWorkerCompleted += new RunWorkerCompletedEventHandler(OnRunWorkerCompleted);
```

と記述しても同じです。ここでは、省略形を使用します。

■ null 許容値型

また、各メソッドの宣言ですが、C# 8 以降を利用したため、以下のように null 許容値型を使用
しています。

```
private void OnDoWork(object? sender, DoWorkEventArgs e)
```

C# 8 未満のバージョンや null 許容値型を無効にした場合は、

```
private void OnDoWork(object sender, DoWorkEventArgs e)
```

としてください。

null 許容値型（Nullable value types）

null 許容値型は、元の型に加え、追加で null 値を表現できます。たとえば、bool? 変数には、true、false、そして null の 3 つの値のいずれかを割り当てることができます。

C# 8.0 で、null 許容参照型機能が導入されました。null 許容値型は、ジェネリック System.Nullable<T> 構造体のインスタンスです。Nullable<T> または T? の代替可能な形式のいずれかで基になる型 T を持つ null 許容値型を参照できます。null 許容値型は通常、基になる値型の未定義の値を表す必要があるときに使用します。

null 許容値型を有効にするか無効にするかは、プロジェクトのオプションで指定できます。「プロジェクト」メニュー→「（プロジェクト名）のプロパティ」を開きます。

図4.12●プロジェクトのオプション

「ビルド」→「全般」の「Null 許容」のドロップダウンから、null 許容値型を有効／無効の指定が可能です。あるいは、ソースコード中に「#nullable enable|disable|restore [warnings|annotations]」を指定することもできます。

null 許容値型を無効にした場合は、先ほどのメソッドの宣言は、

```
private void OnDoWork(object sender, DoWorkEventArgs e)
```

としてください。

■ 冗長性の排除

先のプログラムを観察すると分かりますが、少し冗長な部分があります。プログレスバーの更新と、完了率（%）を表示するテキストボックスの更新は同じメソッド内で処理できます。そこで、その変更を行ってみましょう。まず、xaml ファイルに指定している、プログレスバーの値が変化したときに、`AProgressBar_ValueChanged` メソッドへ制御を渡す記述を削除します。

先のプログラムは、xaml ファイルへ「ValueChanged="AProgressBar_ValueChanged"」を指定し、プログレスバーの値が変化したときに、`AProgressBar_ValueChanged` メソッドへ制御が渡るようにしています。以降に、先の xaml ファイルと変更した xaml ファイルを対応させて示します。

リスト4.11●オリジナルのxamlファイル

```
<Window x:Class="WpfApp.MainWindow"
        ⋮
        ResizeMode="NoResize">
    <Grid>
        <ProgressBar x:Name="AProgressBar" HorizontalAlignment="Left"
                    Height="17" Margin="10,10,0,0" VerticalAlignment="Top"
                    Width="215" ValueChanged="AProgressBar_ValueChanged"/>
        ⋮
    </Grid>
</Window>
```

リスト4.12●変更したxamlファイル

```
<Window x:Class="WpfApp.MainWindow"
        ⋮
        ResizeMode="NoResize">
    <Grid>
        <ProgressBar x:Name="AProgressBar" HorizontalAlignment="Left"
                    Height="17" Margin="10,10,0,0" VerticalAlignment="Top"
                    Width="215"/>
        ⋮
    </Grid>
</Window>
```

オリジナルに存在した「ValueChanged="AProgressBar_ValueChanged"」を削除します。

　先のプログラムは、`AProgressBar_ValueChanged` メソッドで、完了率（%）を表示しています。本プログラムは、`AProgressBar_ValueChanged` メソッドを削除し、`OnProgressChanged` メソッドで、プログレスバーの更新と完了率（%）の表示を一緒に行います。以降に、先の cs ファイルと変更した cs ファイルを対応させて示します。

リスト4.13●オリジナルのcsファイル

```
    ⋮
// Progress
private void OnProgressChanged(object? sender, ProgressChangedEventArgs e)
{
    AProgressBar.Value = e.ProgressPercentage;
}


//表示更新
private void AProgressBar_ValueChanged(object sender, RoutedEventArgs e)
{
    ATextBlock.Text = AProgressBar.Value.ToString() + " %";
}
    ⋮
```

リスト4.14●変更したcsファイル

```
    ⋮
// Progress
private void OnProgressChanged(object? sender, ProgressChangedEventArgs e)
{
    AProgressBar.Value = e.ProgressPercentage;
    ATextBlock.Text = AProgressBar.Value.ToString() + " %";
}
    ⋮
```

　オリジナルに存在した「`ValueChanged="AProgressBar_ValueChanged"`」が削除され、プログレスバーの更新と完了率（%）の表示を一緒に行います。

4.8 Queue クラスで頻繁に UI 更新

　本節では Queue を使用し、ワーカースレッドからメインスレッドに Queue 経由でメッセージを送信し、UI を更新するプログラムを紹介します。動作の概要を下図に示します。

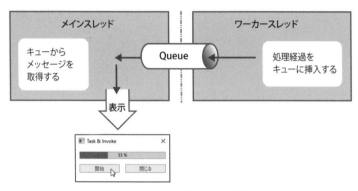

図4.13●スレッドやキューの概要

　xaml のソースリストは変更がありません。cs ファイルのソースリストの一部を示します。

リスト4.15●MainWindow.xaml.csの一部（030 UI¥31TaskQueueBar¥）

```csharp
     ⋮
#nullable disable
     ⋮
        private readonly DispatcherTimer _timer = new();
        private readonly Queue mQueue = new();

        public MainWindow()
        {
            InitializeComponent();

            Title = "Queue & Timer";

            bStart.Content = "開始";
            bClose.Content = "閉じる";

            _timer.Interval = new TimeSpan(0, 0, 0, 0, 50); // 50 m sec.
            _timer.Tick += new EventHandler(MyTimerMethod);
        }
```

```csharp
// 「開始」ボタン
private void BStart_Click(object sender, RoutedEventArgs e)
{
    bStart.IsEnabled = bClose.IsEnabled = false;

    AProgressBar.Value = 0;
    _timer.Start();

    Task.Run(() =>
    {
        string sendData;
        for (int i = 0; i <= 100; i++)
        {
            Thread.Sleep(100);

            sendData = "percent " + i.ToString();

            Monitor.Enter(mQueue);       // lock
            mQueue.Enqueue(sendData);    // Enqueue data
            Monitor.Exit(mQueue);        // release
        }
        Monitor.Enter(mQueue);  // lock
        mQueue.Enqueue("end");  // Enqueue data
        Monitor.Exit(mQueue);   // release
    });
}

// タイマメソッド
private void MyTimerMethod(object sender, EventArgs e)
{
    char[] delimiter = { ' ', ',', ':', '/' };       // delimiters
    string[] split;

    try
    {
        while (mQueue.Count > 0)
        {
            Monitor.Enter(mQueue);                      // lock
            string msg = (string)mQueue.Dequeue();      // Dequeue data
            Monitor.Exit(mQueue);                       // release
```

```
                    split = msg.Split(delimiter);    // split
                    if (split.Length > 0)            // no data
                    {
                        switch (split[0])
                        {
                            case "percent":
                                AProgressBar.Value = Int32.Parse(split[1]);
                                break;

                            case "end":
                                _timer.Stop();
                                bStart.IsEnabled = bClose.IsEnabled = true;
                                break;

                            default:
                                break;
                        }
                    }
                }
            catch (Exception ex)
            {
                MessageBox.Show(ex.Message);
            }
        }
    ⋮
```

　本プログラムではスレッド間の通信に Queue を使用するため、メンバ変数として Queue オブジェクトを管理する変数 mQueue を宣言します。まず、#nullable disable で null 許容値型を無効にします。null 許容値型を有効にしていても問題はなかったのですが、過去のソースコードと統一したかったため null 許容値型を無効にします。

　メインスレッドでは DispatcherTimer クラスを使って Queue を監視するため、DispatcherTimer オブジェクト _timer を宣言します。以降に、プログラムの処理の流れを示します。

　コンストラクターで従来の処理に加え、DispatcherTimer オブジェクトの Interval プロパティとタイマーのイベントを処理するイベントハンドラー（EventHandler）を登録します。

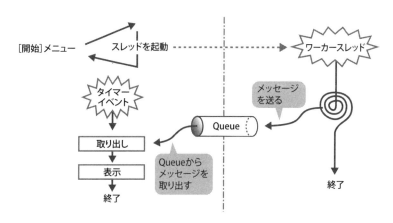

図4.14●処理の流れ

　「開始」ボタンを押すと、BStart_Click メソッドへ制御が渡ってきます。まず、禁則処理でボタンを押せないようにします。次にプログレスバーを初期化したのち、タイマーを起動します。以降に、処理の流れを示します。

① ユーザーが「開始」ボタンを押します。
② 対応するメソッドが呼び出されます。
③ そのメソッドで禁則処理を行い、タイマーを起動します。そして Task クラスを使用し、スレッドを起動します。
④ ワーカースレッドは進捗を表すメッセージを Queue へ送ります。
⑤ メインスレッドは、タイマーから起動されたメソッドで Queue の状態を調べ、メッセージを取り出し、メッセージに従った処理を行います。

　スレッド間の通信に Queue オブジェクトを使用します。ただ、Queue クラスはスレッドセーフではないため、Monitor クラスで排他制御します。スレッドセーフな ConcurrentQueue クラスについては第 6 章「排他処理」で解説します。ここでは、Monitor クラスを使用しましたが、lock 文やほかの排他処理を利用して構いません。

　MyTimerMethod メソッドは、一定の周期でタイマーから起動されるメソッドです。本メソッドの起動は「開始」ボタンを押したときに呼び出されるメソッドで行われます。

　Queue オブジェクト mQueue の Count プロパティが 0 以上なら、while ループで全部のメッセージを取り出します。Monitor クラスでクリティカルセクションを作り、Dequeue メソッドでキューからメッセージを取り出します。string 型の引数 msg はキューから取り出したメッセージです。メッセージの構文を次に示します。

```
percent  <パーセント値>
end
```

　percentは処理の進捗を示し、0〜100の引数を持ちます。endは処理が完了したことを表します。コマンドの解析には、string 型の Split メソッドを使用します。ソースコードを参照すれば分かりますが、区切り記号を格納した文字配列を Split メソッドの引数に与えると、Split メソッドは区切り記号で文字を文字配列に分解して返します。今回のメッセージは単純ですが複雑なメッセージへも対応可能です。

　C# では、文字列も switch 文の引数とすることが可能です。percent メッセージを受け取ったら、その値を数値へ変換し、プログレスバーの Value プロパティへ設定します。これによって、UI が更新されます。end メッセージを受け取ったら、タイマーを停止し後処理を行い、ボタンを有効化します。ほかの部分は、これまでのプログラムと同様です。

第5章

Task と例外

本章では、C# の例外処理、特に並列処理と例外処理について解説します。以降に、C# の主な例外を表で示します。

表5.1●C#の主な例外

例外	内容
ArgumentException	メソッドの引数が不正な値
ArgumentNullException	メソッドの引数が null
ArgumentOutOfRangeException	メソッドの引数が有効な値の範囲外
DirectoryNotFoundException	ファイルやディレクトリが見つからない
DivideByZeroException	0 で割り算しようとした
DriveNotFoundException	使用できないドライブや共有にアクセスした
FileNotFoundException	ディスク上に存在しないファイルへのアクセス
FormatException	引数が無効な場合や文字列の Parse 処理失敗
IndexOutOfRangeException	配列やコレクションのインデックスが範囲外
InvalidOperationException	引数以外の原因で無効なメソッド呼び出し
KeyNotFoundException	コレクション内にキーが見つからない
NotImplementedException	メソッドまたは操作が実装されていない
NotSupportedException	メソッドまたは操作がサポートされていない
ObjectDisposedException	Dispose 済のオブジェクトに対しての操作
OverflowException	算術演算やキャストでオーバーフローが起きた

例外	内容
PathTooLongException	パス名やファイル名が定義の最大長を超えた
PlatformNotSupportedException	機能が特定のプラットフォームでサポートされていない

5.1 async/await で例外処理

async と await を使用し、非同期処理を記述した場合、例外はスレッドを利用しないプログラム
と同じような方法で捕捉できます。

```
try
{
    await Task
}
catch (例外型 e)
{
    例外処理
}
```

上記のように記述すると、Task 内で発生した例外は catch に捕捉され、対応した例外処理を実
行できます。以降に、async/await の例外処理を示します。ほとんどの並列プログラムで、このよ
うな手法を適用できます。以降に、ソースリストを示します。

リスト5.1●Program.cs （040 Exceptions¥01AsyncAwait¥）

```
using System;
using System.Threading.Tasks;

namespace ConsoleApp
{
    internal class Program
    {
        static async Task Main(string[] _)
        {
            try
            {
```

```
                    await Task.Run(() =>
                    {
                        throw new FormatException("test.");
                    });
                }
            catch (FormatException e)
                {
                    Console.WriteLine($"catch: {e.GetType().Name} - {e.Message}");
                }
            }
        }
}
```

　実行すると、例外が捕捉されメッセージが表示されます。例外に FormatException を使用していますが、特に意味はなく catch と対応させたかっただけです。ほかの例外にも、本プログラムを適用できます。以降に実行結果を示します。

```
catch: FormatException - test.
```

　ごく普通のプログラムと同様に例外が捕捉されます。Task クラスと async/await で記述したプログラムは、他スレッドの例外であっても、元のスレッドで捕捉できます。ほとんどの場合、このような使い方で UI の更新や例外処理まで対応できます。

■ ラムダ式をメソッドで記述

　さきのプログラムはTask.Runメソッドへラムダ式を与えて並列処理を記述しました。ここでは、並列処理を行うコードをメソッドで記述します。先のように、ラムダ式を利用すると記述がコンパクトになり、余計なメソッドを定義する必要がありません。つまり、一回しか利用しない使い捨てメソッドであればラムダ式で記述する方が良いでしょう。しかし、複数回利用する場合は並列処理をメソッド化し、一回の記述で済ませることができます。以降に、プログラムのソースリストの一部を示します。

リスト5.2●Program.csの一部（040 Exceptions¥02AsyncAwait2¥）

```
　⋮
static async Task Main(string[] _)
{
    try
```

```
    {
        await Task.Run(Task1);
    }
    catch (FormatException e)
    {
        Console.WriteLine($"catch: {e.GetType().Name} - {e.Message}");
    }
}

static Task Task1()
{
    throw new FormatException("test.");
}
 ⋮
```

　並列処理部を Task1 メソッドへ記述します。単に記述法を変更しただけで、動作は先のプログラムと同様です。

5.2 Wait で捕捉

　次に、Task クラスの Wait メソッドで待機した例を紹介します。task1 で発生した FormatException 例外は、Wait メソッドで待機した場合、そのままの形では捕捉されません。AggregateException 例外にラップされた状態で捕捉されますので、実際の例外を知るには AggregateException 例外の InnerExceptions プロパティに含まれる Exception オブジェクトを列挙する必要があります。await では、そのまま例外を捕捉できますが、Wait すると AggregateException にラップされます。以降に、ソースリストの一部を示します。

リスト5.3●Program.csの一部（040 Exceptions¥03WaitCatch¥）

```
 ⋮
try
{
    Task task1 = Task.Run(() =>
    {
        throw new FormatException("test.");
    });
```

```
    task1.Wait();
}
catch (AggregateException e)
{
    Console.WriteLine($"catch: {e.GetType().Name} - {e.Message}");

    foreach (Exception it in e.InnerExceptions)
        Console.WriteLine($"{it.GetType().Name} - {it.Message}");
}
 ⋮
```

5

実行すると、例外が捕捉されメッセージが表示されます。以降に実行結果を示します。

```
AggregateException - 1 つ以上のエラーが発生しました。
FormatException - test.
```

　正常に捕捉できています。InnerExceptions プロパティから FormatException 例外が発生した
ことも検出できています。先に例のように、catch に FormatException を設定しても、Wait メソッ
ドを使う場合、例外を捕捉できません。

5.3　捕捉できない

　Task クラスで生成したスレッド内で発生した例外を捕捉できない例を紹介します。以降に、
ソースリストの一部を示します。

リスト5.4●Program.csの一部（040 Exceptions¥11TaskNoCatch¥）

```
 ⋮
try
{
    Task.Run(() =>
    {
        throw new FormatException("test.");
    });
}
```

```
catch (FormatException e)
{
    Console.WriteLine($"catch: {e.GetType().Name} - {e.Message}");
}
Console.WriteLine("Done.");
  ⋮
```

実行結果を示します。例外を捕捉できていないのが分かります。

```
Done.
```

　本プログラムは、Task.Run メソッドでスレッドを非同期に起動し、以降同期処理などは一切行いません、このような場合、"Done." が表示されて例外は捕捉できず終了してしまいます。ただ、デバッグ付きで起動などを行うと、throw している部分に「ユーザーが処理していない例外」と表示される場合もあります。

　このように、await も Wait などの同期も行わず戻り値もないスレッド（タスク）の例外は捕捉できません。このようなタスクは、そのタスク内で例外処理を完結するようにしましょう。これについては、後述します。いずれにしても、await も Wait もせず、戻り値もないタスクを記述する場合、例外処理はハンドルできないと割り切って使う必要があります。

　戻り値を持たない非同期メソッドは await できません。もし、そのメソッドから例外が送出されると、例外をキャッチできずにプログラムは異常終了します。逆にいうと、戻り値を持たない非同期メソッドを使用する場合、全ての例外を当該メソッド内で処理しなければなりません。

■ タスク内で捕捉

　前記で、「await も Wait もせず、戻り値もないスレッド（タスク）の例外処理は、そのタスク内で処理するようにしましょう。」と示しましたので、実際に、そのようなプログラムを作り、挙動を観察してみましょう。以降に、ソースリストの一部を示します。

リスト5.5●Program.csの一部 （040 Exceptions¥12TaskInsideCatch¥）

```
  ⋮
try
{
    Task.Run(() =>
    {
        try
        {
```

```
                throw new FormatException("test.");
        }
        catch (FormatException e)
        {
            Console.WriteLine($"inside:{e.GetType().Name} - {e.Message}");
        }
    });
    //Thread.Sleep(1000);
}
catch (Exception e)
{
    Console.WriteLine($"catch: {e.GetType().Name} - {e.Message}");
}
Console.WriteLine("Done.");
 ⋮
```

以降に、実行結果を示します。

```
Done.
inside:FormatException - test.
```

まず、"Done." が表示されます。これは、Task.Run メソッドで起動したスレッドの例外が発生する前に、外側のメソッドが終了していることを示します。その後、タスク内で例外が発生し、それをタスク内の catch が捕捉しています。ただし、各タスクは非同期に動作しますので、必ずこのような順序で動作する保証はありません。

途中にある //Thread.Sleep(1000); のコメントを外して実行してみましょう。

```
inside: FormatException - test.
Done.
```

先ほどと表示順が逆になります。まず、Task.Run メソッドに await が指定されていないため、タスクを起動後、すぐに Task.Run メソッドに続くコードと、タスクの両方が並列で処理を始めます。しかし、メインスレッドは Thread.Sleep(1000); によって、しばらく待ちます。その間に、Task.Run メソッドで起動したタスクが動作を始めます。これによって、先にタスク内の例外が発生します。その後、メインスレッドが動作します。これによって上に示したメッセージ順となります。ただ、これらは正確に同期させているわけでないので、メッセージ順を保証しているものではありません。

　本節で説明したかったことは、同期も戻り値もないタスクの例外は、外側から捕捉できないため、例外処理は自身のタスク内で完結するようにしましょうと言うことです。

■ Thread クラスで捕捉

　前記の例を Task クラスから Thread クラスへ書き換えたものを示します。まず、捕捉できない例を紹介します。以降に、ソースリストの一部を示します。

```
　⁝
try
{
    Thread t = new Thread((() =>
    {
        throw new FormatException("FormatException.");
    }));
    t.Start();
}
catch (FormatException e)
{
    Console.WriteLine($"catch: {e.GetType().Name} - {e.Message}");
}
Console.WriteLine("Done.");
　⁝
```

　実行結果を示します。例外を捕捉できていないのが分かります。

```
Done.

ハンドルされていない例外: System.FormatException: FormatException.
   場所 ConsoleApp.Program.<>c.<Main>b__0_0() 場所 C:\Gen\GenAsync\Srcs\040 …
   ……
```

　"Done." が表示され、メソッドは終了します。こちらも先ほどのプログラム同様、スレッド内で例外を処理するよう書き換えてみましょう。以降に、ソースリストの一部を示します。

```
　⁝
try
{
    Thread t = new Thread((() =>
```

```
    {
        try
        {
            throw new FormatException("test.");
        }
        catch (FormatException e)
        {
            Console.WriteLine($"inside: {e.GetType().Name} - {e.Message}");
        }
    }));
    t.Start();
    //Thread.Sleep(1000);
}
catch (FormatException e)
{
    Console.WriteLine($"catch: {e.GetType().Name} - {e.Message}");
}
Console.WriteLine("Done.");
  ⋮
```

以降に、実行結果を示します。

```
Done.
inside: FormatException - test.
```

まず、"Done." が表示されます。これは、スレッド内の例外が発生する前に、外側のメソッド
が終了していることを示します。その後、スレッド内で例外が発生し、それをスレッド内の catch
で捕捉しています。ただし、各スレッドは非同期に動作しますので、必ずこのような順序で動作
する保証はありません。

途中にある //Thread.Sleep(1000); のコメントを外して実行してみましょう。

```
inside: FormatException - test.
Done.
```

先ほどと表示順が逆になります。まず、t.Start メソッドでスレッドを起動するため、すぐ
に続くコードと、スレッドの両方が並列で処理を始めます。しかし、メインスレッドは Thread.
Sleep(1000); によって、しばらく待ちます。その間に、t.Start メソッドで起動したスレッドが
動作を始めます。これによって、先にスレッド内の例外が発生します。その後、メインスレッド

が動作します。これによって上に示したメッセージ順となります。ただ、これらは正確に同期させているわけでないので、メッセージ順を保証しているものではありません。

　本節で説明したかったことは、Thread クラスを利用しようが、Task クラスを利用しようが外側から例外を捕捉できないことです。そのような場合は、例外処理は自身のタスク内で完結するようにしましょう。

　なお、スレッドやタスクの寿命やメインスレッドの寿命は、Thread.Sleep メソッドなどで調整しても、そもそも非同期ですので必ずしも本例のように動作するとは限りません。このような非同期のプログラムでは、動作順や寿命についてはあくまでも参考に留めてください。これらについて深く考察しても無意味です。

5.4 戻り値

　戻り値のあるタスクで例外が発生した時の捕捉方法を紹介します。基本的に、Task クラスのWait メソッドで待機したものと同様です。以降に、ソースリストの一部を示します。

リスト5.6●Program.csの一部（040 Exceptions¥31ResultCatch¥）

```
　⋮
Task<int> task = Task.Run(new Func<int>(() =>
{
    throw new FormatException("test.");
    return -10;
}));

try
{
    Console.WriteLine("¥nreturn code = {0}.", task.Result);
}
catch (AggregateException e)
{
    Console.WriteLine($"{e.GetType().Name} - {e.Message}");
    foreach (Exception it in e.InnerExceptions)
        Console.WriteLine($"  {it.GetType().Name} - {it.Message}");
}
　⋮
```

実行すると、例外が捕捉されメッセージが表示されます。以降に実行結果を示します。

```
AggregateException - 1 つ以上のエラーが発生しました。
  FormatException - test.
```

Wait メソッドを利用したときと同様、task で発生した FormatException 例外は、そのままでは捕捉されません。AggregateException 例外にラップされた状態で捕捉されますので、実際の例外を知るには AggregateException 例外の InnerExceptions プロパティに含まれる Exception オブジェクトを列挙する必要があります。await では、そのまま例外を捕捉できますが、戻り値のあるタスクで発生した例外は、AggregateException にラップされます。

5.5 UI と例外

UI を持つプログラムで、Task と例外をどのように扱うか紹介します。基本的に、UI を持たないプログラムと大差はありません。ただ、禁則処理などを行っている場合は、finally ブロックを用意し、適切な処理を行うと良いでしょう。ここでは、以前紹介した 4.1 節「Task クラスと Invoke メソッド」と同じフォームを使います。このため、UI や xaml は、そのプログラムと同様ですので、それらは示しません。以降に、cs ファイルのソースリストの主要な部分を示します。

リスト5.7●MainWindow.xaml.csの一部 （040 Exceptions¥41AsyncAwaitWpf¥）

```
     ⋮
// 「開始」ボタン
private async void BStart_Click(object sender, RoutedEventArgs e)
{
    try
    {
        bStart.IsEnabled = bClose.IsEnabled = false;
        textBox.Text = "Task開始.";

        await Task.Run(() =>
        {
            Thread.Sleep(1000);
            throw new FormatException("test.");
        });
```

```
        textBox.Text = "Task終了.";
    }
    catch (FormatException ex)
    {
        textBox.Text = "例外発生.";
        MessageBox.Show(ex.Message, ex.GetType().Name,
            MessageBoxButton.OK, MessageBoxImage.Warning);
    }
    finally
    {
        bStart.IsEnabled = bClose.IsEnabled = true;
    }
}
⋮
```

「開始」ボタンをクリックすると BStart_Click メソッドへ制御が渡ります。前処理の禁則処理やメソッドが開始したことを表す文字列をテキストボックスへ表示します。しばらくすると、例外を throw します。これによって、catch に捕まり、MessageBox が表示されます。最後に、finally ブロックで禁則処理などの後始末を行います。以降に実行例を示します。

図5.1●実行例

この動作を図で示します。

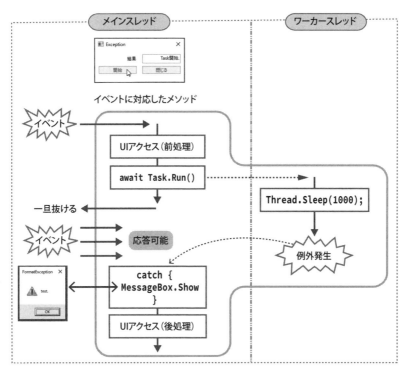

図5.2●動作の概要

throw new FormatException("test."); をコメントアウトしたときの動作も示します。

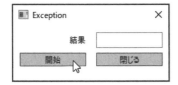  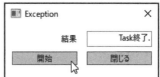

図5.3●実行例

■ ラムダ式をメソッド化

直前のプログラムはTask.Runメソッドへラムダ式を与えて並列処理を記述しました。ここでは、並列処理を行う部分をメソッド化します。以降に、プログラムのソースリストの一部を示します。

リスト5.8●MainWindow.xaml.csの一部（040 Exceptions¥42AsyncAwaitWpf2¥）

```
    ⋮
// async task
```

```
private static void Sleep()
{
    Thread.Sleep(1000);
    throw new FormatException("test.");
}

// 「開始」ボタン
private async void BStart_Click(object sender, RoutedEventArgs e)
{
    try
    {
        bStart.IsEnabled = bClose.IsEnabled = false;
        textBox.Text = "Task開始.";

        await Task.Run(Sleep);

        textBox.Text = "Task終了.";
    }
    catch (FormatException ex)
    {
        textBox.Text = "例外発生.";
        MessageBox.Show(ex.Message, ex.GetType().Name,
            MessageBoxButton.OK, MessageBoxImage.Warning);
    }
    finally
    {
        bStart.IsEnabled = bClose.IsEnabled = true;
    }
}
    ⋮
```

　並列処理部を Sleep メソッドへ分離します。先のプログラムは、Task.Run メソッドへラムダ式を与えましたが、ここでは並列で動作させたいメソッド名を与えます。動作などは、直前と同じですので省略します。

■ Wait メソッドで捕捉

　最初のプログラムを、Task クラスの Wait メソッドで待機するように変更した例を紹介します。タスク t で発生した FormatException 例外は、Wait メソッドで待機した場合、そのままの形では捕捉されません。AggregateException 例外にラップされた状態で捕捉されますので、実際の例外

を知るには AggregateException 例外の InnerExceptions プロパティに含まれる Exception オブジェクトを列挙する必要があります。以降に、ソースリストの一部を示します。

リスト5.9●MainWindow.xaml.csの一部 （040 Exceptions¥43WaitCatchWpf¥）

```
 ⋮
try
{
    bStart.IsEnabled = bClose.IsEnabled = false;
    textBox.Text = "Task開始.";

    var t = Task.Run(() =>
    {
        Thread.Sleep(1000);
        throw new FormatException("test.");
    });
    t.Wait();
    textBox.Text = "Task終了.";
}
catch (AggregateException ex)
{
    textBox.Text = "例外発生.";
    MessageBox.Show(ex.Message, ex.GetType().Name,
        MessageBoxButton.OK, MessageBoxImage.Warning);

    foreach (Exception it in ex.InnerExceptions)
        MessageBox.Show(it.Message, it.GetType().Name,
            MessageBoxButton.OK, MessageBoxImage.Warning);
}
finally
{
    bStart.IsEnabled = bClose.IsEnabled = true;
}
 ⋮
```

実行すると、例外が捕捉されメッセージが表示されます。以降に実行結果を示します。

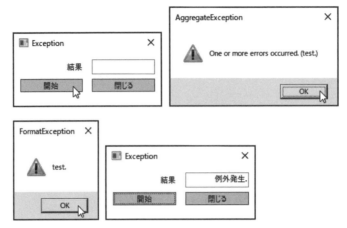

図5.4●実行例

「開始」ボタンを押すと、処理が終わるまでボタンを押せないようにボタンはディセーブルされます。しばらくして例外が発生し、MessageBox が表示されます。「OK」をクリックすると、さらにもう一回 MessageBox が表示されます。再度「OK」をクリックすると、元の画面のボタンは有効になります。

AggregateException 例外が発生し、InnerExceptions プロパティから FormatException 例外が発生したことも検出できています。以前の例のように、catch に FormatException を設定すると、Wait メソッドを使うときは例外を捕捉できません。

5.6 複数タスクと例外

本節以降では、複数タスクを実行するときの、例外処理について解説します。最初の例は、Task.Run メソッドで多数のタスクを起動後、全タスクを Task.WhenAll メソッドへ await を指定し待機します。このように、Task.WhenAll メソッドで複数のタスクの終了を待機するには、Task.Run メソッドで起動したタスクが返した Task オブジェクトを引数で指定します。以降に、ソースリストを示します。

リスト5.10●Program.csの一部 （040 Exceptions¥51MTasks¥）

```
    ⋮
static async Task Main(string[] _)
{
```

```
    try
    {
        var t1 = Task.Run(() =>
        {
            throw new ArgumentException("t1.");
        });
        var t2 = Task.Run(() =>
        {
            throw new FormatException("t2.");
        });
        var t3 = Task.Run(() =>
        {
            throw new IndexOutOfRangeException("t3.");
        });
        var t4 = Task.Run(() =>
        {
            throw new OverflowException("t4.");
        });

        await Task.WhenAll(t4, t3, t2, t1);
    }
    catch (Exception e)
    {
        Console.WriteLine($"{e.GetType().Name} - {e.Message}");
    }
}
  :
```

実行すると、例外が捕捉されメッセージが表示されます。以降に実行結果を示します。

```
OverflowException - t4.
```

　Task.Run メソッドで多数のタスクを起動後、全タスクを Task.WhenAll メソッドへ await を指定し待機します。このようにすると、タスク内で発生した例外が、そのまま捕捉されます。特定の例外を catch に指定すると捕捉しそこなうときがありますので、すべての例外を捕捉対象としましょう。並列に実行させた複数のタスクから、複数の例外が発生しても、捕捉できるのは一つの例外だけです。なお、捕捉されるのは Task.WhenAll メソッドの最初に指定した引数の Task で発生した例外のようです。いずれにしても、例外が起きたことを捕捉できれば、一般的には十分でしょう。

この例では Task.WhenAll メソッドの先頭引数に t4 を指定していますので、t4 タスクで発生した例外を捕捉しています。

■ 複数タスクを await

複数タスクを await つきの Task.Run 先頭で順次起動したときの例外処理について解説します。await で起動しますので、多数のタスクを起動しますが順次起動しますので、例外を最初に発生したものが捕捉されます。以降に、プログラムのソースリストの一部を示します。

リスト5.11●Program.csの一部（040 Exceptions¥52MTasks2¥）

```
    ：
try
{
    await Task.Run(() =>
    {
        throw new ArgumentException("t1.");
    });
    await Task.Run(() =>
    {
        throw new FormatException("t2.");
    });
    await Task.Run(() =>
    {
        throw new IndexOutOfRangeException("t3.");
    });
    await Task.Run(() =>
    {
        throw new OverflowException("t4.");
    });
}
catch (Exception e)
{
    Console.WriteLine($"{e.GetType().Name} - {e.Message}");
}
    ：
```

実行すると、例外が捕捉されメッセージが表示されます。以降に実行結果を示します。

```
ArgumentException - t1.
```

■ Wait メソッドで全例外を捕捉

次に、Task クラスの Wait メソッドで待機した例を紹介します。ソースコードは、5.6 節「複数タスクの例外」のプログラムに近いです。異なる部分のみを強調して示します。これまでの複数タスクの例外捕捉は await を使ったため、Main に async が付いていましたが、本プログラムは通常の Main です。発生した例外は、Wait メソッドで待機した場合、そのままの形では捕捉されません。AggregateException 例外にラップされた状態で捕捉されます。実際の例外を知るには AggregateException 例外の InnerExceptions プロパティに含まれる Exception オブジェクトを列挙する必要があります。以降に、ソースリストの一部を示します。

リスト5.12●Program.csの一部 （040 Exceptions¥53MTasks3¥）

```
    ⋮
static void Main(string[] _)
{
    try
    {
        var t1 = Task.Run(() =>
        {
            throw new ArgumentException("t1.");
        });
        var t2 = Task.Run(() =>
        {
            throw new FormatException("t2.");
        });
        var t3 = Task.Run(() =>
        {
            throw new IndexOutOfRangeException("t3.");
        });
        var t4 = Task.Run(() =>
        {
            throw new OverflowException("t4.");
        });
        var t = Task.WhenAll(t1, t2, t3, t4);
        t.Wait();
    }
    catch (AggregateException e)
    {
        Console.WriteLine($"{e.GetType().Name} - {e.Message}");
        foreach (Exception ex in e.InnerExceptions)
            Console.WriteLine($"  {ex.GetType().Name} - {ex.Message}");
```

```
        }
    }
    ⋮
```

実行すると、例外が捕捉されメッセージが表示されます。以降に実行結果を示します。

```
AggregateException - 1 つ以上のエラーが発生しました。
  ArgumentException - t1.
  FormatException - t2.
  IndexOutOfRangeException - t3.
  OverflowException - t4.
```

正常に捕捉できています。InnerExceptions プロパティから、ArgumentException、FormatException、IndexOutOfRangeException、そして OverflowException 例外が発生したことも検出できています。先の例のように、catch に Exception を設定すると、例外が起きたことしか知ることができません。

5.7 配列タスクと例外

本節以降では、配列タスクを実行するときの、例外処理について解説します。最初に、Task クラスの WaitAll メソッドで待機した例を紹介します。発生した例外は、WaitAll メソッドで待機した場合、そのままの形では捕捉されません。AggregateException 例外にラップされた状態で捕捉されます。実際の例外を知るには AggregateException 例外の InnerExceptions プロパティに含まれる Exception オブジェクトを列挙する必要があります。以降に、ソースリストを示します。

リスト5.13●Program.cs （040 Exceptions¥61ATasksWait¥）

```csharp
using System;
using System.Threading.Tasks;

namespace ConsoleApp
{
    internal class Program
    {
        static void Main(string[] _)
```

```
        {
            Task[] aT = new[]
            {
                Task.Run(() =>{throw new FormatException("FormatException.");}),
                Task.Run(() =>{throw new ArgumentException("ArgumentException.");}),
                Task.Run(() =>{throw new
                                  DivideByZeroException("DivideByZeroException.");})
            };

            try
            {
                Task.WaitAll(aT);
            }
            catch (AggregateException e)
            {
                Console.WriteLine($"catch: {e.GetType().Name} - {e.Message}");
                foreach (Exception it in e.InnerExceptions)
                    Console.WriteLine($"  {it.GetType().Name} - {it.Message}");
            }
        }
    }
}
```

実行すると、例外が捕捉されメッセージが表示されます。以降に実行結果を示します。

```
catch: AggregateException - 1 つ以上のエラーが発生しました。
  FormatException - FormatException.
  ArgumentException - ArgumentException.
  DivideByZeroException - DivideByZeroException.
```

　正常に捕捉できています。InnerExceptions プロパティから、FormatException、ArgumentException、そして DivideByZeroException 例外が発生したことを検出できています。
　タスクの起動部分は下記のように記述しています。

```
Task.Run(() =>{throw new FormatException("FormatException.");}),
Task.Run(() =>{throw new ArgumentException("ArgumentException.");}),
Task.Run(() =>{throw new DivideByZeroException("DivideByZeroException.");})
```

これは、以下のように記述しても等価です。

```
Task.Factory.StartNew(() =>{throw new FormatException("FormatException.");}),
Task.Factory.StartNew(() =>{throw new ArgumentException("ArgumentException.");}),
Task.Factory.StartNew(() =>{throw new
                                DivideByZeroException("DivideByZeroException.");})
```

■ 戻り値を参照

　戻り値のある配列タスクを起動し、その戻り値を参照したときの例外処理について解説します。
以降に、ソースリストを示します。

リスト5.14●Program.csの一部（040 Exceptions¥62ATasksResults¥）

```
 ⋮
Task<String>[] aT = new[]
{
    Task<String>.Run(() =>{
        throw new FormatException("FormatException.");return "A";}),
    Task<String>.Run(() =>{
        throw new ArgumentException("ArgumentException.");return "B";}),
    Task<String>.Run(() =>{
        throw new DivideByZeroException("DivideByZeroException.");return "C";})
};

try
{
    Console.WriteLine("{0}{1}{2}.", aT[0].Result, aT[1].Result, aT[2].Result);
                                                    //参照のみ捕捉できる
}
catch (AggregateException e)
{
    Console.WriteLine($"catch: {e.GetType().Name} - {e.Message}");
    foreach (Exception it in e.InnerExceptions)
        Console.WriteLine($"  {it.GetType().Name} - {it.Message}");
}
 ⋮
```

実行すると、例外が捕捉されメッセージが表示されます。以降に実行結果を示します。

```
catch: AggregateException - 1 つ以上のエラーが発生しました。
  FormatException - FormatException.
```

　捕捉できるのは一つだけです。並列に実行させた配列タスクから複数の例外が発生したとして
も、そのうちの最初に参照したものだけが捕捉されます。タスクで例外が発生したことを検出で
きますので、一般的には、この方法でも十分でしょう。

第6章

排他処理

　排他処理とは、複数のスレッドやプロセスが勝手に動き、互いに衝突することを避けるメカニズムです。プロセスやスレッドを活用すれば、効率のよいアプリケーションを開発できます。しかし、それぞれが独立して動作するため、時として衝突、あるいはデッドロックを引き起こす場合があります。このような問題を避けるには、スレッド間やプロセス間で調停（アービトレーション）が必要です。そのためには、何らかの方法で各スレッド／プロセスを同期させる必要があります。

　幸いC#は、多数の排他処理（同期）機能を提供しています。同期処理を行うために、すべての同期機能を理解する必要はありません。しかし、それぞれのメカニズムの動作や、長所／短所を理解しておくと、最適な方法を選ぶことが可能になります。同期オブジェクトには、プロセス間に有効なものとスレッド間のみに有効なものがあります。スレッド間の同期とプロセス間の同期では、同期処理をよく考える必要があります。

　並列化したプログラムでデータ（オブジェクト）操作を行う場合、オブジェクトへのアクセス競合に注意しなければなりません。まず、スレッドから使用するオブジェクトがスレッドセーフであるか確認します。一般的に、スレッドセーフではないオブジェクトをスレッド間で操作すると、アクセス競合（レーシング）が生じ、正常な処理結果が得られない場合があります。また、ほかのスレッドが所有するオブジェクトを、異なるスレッドからアクセスすると例外を発生する場合もあります。

　例外が発生する場合、エラー個所や原因の究明は比較的簡単です。そうではなく、スレッド間で競合が起き、処理結果が正常でなくなる場合の原因を探すのは苦労します。このように、オブジェクトを複数のスレッドから参照更新する場合、そのルールを設計時に明確にしておく必要が

あるとともに、正確な排他処理が必要です。

　結果が正常でなくなる原因は、複数のスレッドが1つのオブジェクトを同時に更新しようとして無効になる、あるいはオブジェクトを参照してから更新するまでの間に、別のスレッドによってそのオブジェクトの状態が変化したというようなことが考えられます。これらの解決策として次に示すような方法があります。

- 排他処理してデータアクセスを行う
- 並列部にローカルデータを作成し、最後に統合する
- 逐次処理に戻し並列化をやめる
- データを更新する部分の並列化をやめる
- データの共有をやめる（複製を作る）

　これらは適宜使い分ける必要があります。本章では、これらの方法を用いて、スレッド（タスク）間でデータを共有する方法について解説します。ここに述べたようなデータ共有に関する問題は従来からありますが、.NET では、スレッドセーフなクラスが用意され簡便にスレッド競合を避けることが可能です。

6.1　Interlocked クラス

　Interlocked クラスは、複数のスレッド（タスク）がアクセスするオブジェクトを排他制御するのに用います。当然、このクラスはスレッドセーフであり、マルチスレッド環境で安全に動作します。本節では、Interlocked クラスを使用し、メンバ変数をスレッド間でアクセスするプログラムを開発します。

　単純なインクリメント、デクリメント、データ交換などのスレッド間の排他制御は、Interlocked クラスを利用すると単純、かつ短いコードで実装できます。代表的な操作である、Increment メソッドと Decrement メソッドは、1回の操作で変数をインクリメントまたはデクリメントします。これ以外に、Exchange メソッドや CompareExchange メソッドも用意されています。Exchange メソッドはスレッドセーフに変数の値を交換します。CompareExchange メソッドは、2つの変数値を比較した結果に基づいてどちらかの変数に3番目の値を格納します。以降に、簡単なプログラムのソースリストの一部を示します。

リスト6.1●Program.csの一部（050 Sync¥01Interlocked¥）

```
   ⋮
internal class Program
{
    private static int Counter = 0;

    static void Main(string[] _)
    {
        Task task = Task.Run(() =>
        {
            for (int i = 0; i < 1024; i++)
            {
                //Counter++;
                Interlocked.Increment(ref Counter);
                Thread.Sleep(0);
            }
        });

        for (int i = 0; i < 1024; i++)
        {
            //Counter++;
            Interlocked.Increment(ref Counter);
            Thread.Sleep(0);
        }

        task.Wait();
        Console.WriteLine($"Counter = {Counter}.");
    }
}
   ⋮
```

　Task.Run メソッドで起動したスレッドは、Interlocked クラスの Increment メソッドで Counter をインクリメントします。Counter は、クラス内で定義したオブジェクトで、宣言と同時に初期化します。Task.Run メソッドで起動したスレッドとメインスレッド両方の for ループで、Counter をインクリメントします。これらは同時に並列して処理されます。一般的に、非同期にインクリメントすると、スレッド間で競合が起き正常にインクリメントされません。ここでは、Interlocked クラスの Increment メソッドを使用したため、排他制御されるため正常にインクリメントされます。以降に実行例を示します。

```
Counter = 2048.
```

　それぞれのループで1024回インクリメントするため、1024 × 2 = 2048 から正常に動作するのを観察できます。ループの中に Thread.Sleep(0); を入れていますが、これはスレッド間の競合を起きやすくするためです。基本的にはなくても構わないコードです。

　さて、競合すると、どのような結果になるのか Interlocked.Increment(ref Counter); を Counter++; へ書き換えて試します。

```
Counter = 1930.
```

　もう一回実行してみましょう。

```
Counter = 1879.
```

　このように、競合が発生するため、結果は不正確、かつ不定です。値は毎回異なりますが、たまに偶然で同じ値を得られることもあります。

　メインスレッドと Task.Run メソッドで起動したスレッドの、どちらが先に終了するかは不定です。このため、ループ終了後、メインスレッドで task.Wait(); で両スレッドを同期します。このように同期しないと、先にメインスレッドが終了した場合、Counter の値は正確な値ではありません。以降に、Wait メソッドを実行したタイミングと、スレッド終了の関係を図で示します。

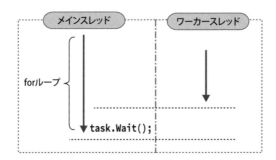

図6.1●先にTask.Runで起動したスレッドが終了した場合

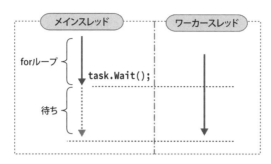

図6.2●先にメインスレッドが終了した場合

■ ラムダ式をメソッドで記述

　先のプログラムは Task.Run メソッドへラムダ式を与えて並列処理を記述しました。同様のコードがメインスレッドにも存在し、プログラムが冗長です。ここでは、並列処理のコードをメソッドで記述します。先のように、ラムダ式を利用すると記述がコンパクトになり、余計なメソッドを定義する必要がありません。つまり、使い捨てメソッドであればラムダ式で記述する方が良いでしょう。しかし、本プログラムのように、同じ処理を2回記述する必要があるときは、並列処理の部分をメソッド化し、複数回利用するとプログラムがコンパクトになります。以降に、プログラムのソースリストの一部を示します。

リスト6.2●Program.csの一部（050 Sync¥01InterlockedM¥）

```
    ⋮
private static int Counter = 0;

private static void Method()
{
    for (int i = 0; i < 1024; i++)
    {
        //Counter++;
        Interlocked.Increment(ref Counter);
        Thread.Sleep(0);
    }
}

static void Main(string[] _)
{
    Task task = Task.Run(Method);
    Method();
```

```
    task.Wait();

    Console.WriteLine($"Counter = {Counter}.");
}
  ⋮
```

　並列処理部を Method メソッドへ記述します。単に記述法を変更しただけで、動作は先のプログラムと同様です。実行結果も同様です。Interlocked.Increment(ref Counter); を Counter++; へ書き換えると、Count へのアクセスが競合し、正常な結果が得られないのも同じです。

6.2 Monitor クラス

　本節では、Monitor クラスを利用したシンプルな同期プログラムを開発します。前節の Interlocked クラスは、複数スレッドで共有される変数への排他操作を提供していますが、処理できることは限定的です。

　Monitor クラスはスレッド間の同期に使用され、いわゆるクリティカルセクションを作ります。クリティカルセクションは、そのコードブロックの実行を制限できます。Monitor クラスの Enter メソッドにはオブジェクトを指定します。ただ、そのオブジェクトへの操作を制限するものではなく、そのオブジェクトを同期オブジェクトとして使用します。共通のオブジェクトを使用すれば 1 つの同期オブジェクトとして使用できます。つまり、複数オブジェクトを使用すれば、複数の排他処理を行うことができます。利用するオブジェクトは、同期のみに利用するオブジェクトを作成するのを推奨します。特定のオブジェクトを兼用してもかまいませんが、拡張などや仕様が変更になったときに影響を受ける可能性が高くなります。

　あるスレッドが同期オブジェクトをロックしていると、他のスレッドはそのロックを取得できません。つまり、他のスレッドは待ちに入ります。また、ロックの所有者が実行しているアプリケーションコードのクリティカルセクションを、他のスレッドからアクセスできないようにします。

　Enter メソッドの引数はオブジェクトです。そのオブジェクトに対し、他のスレッドがすでに Enter メソッドを実行していた（かつ、まだ Exit メソッドを実行していない）場合、現在のスレッドの処理はブロックされます。同じスレッドが Enter メソッドを複数回呼び出すことは可能ですが、Exit メソッドを同じ回数呼び出さないと、そのオブジェクトで待機中の他のスレッドはブロックを解除されません。この機能はデッドロックに気をつける必要がありますが、処理を多重化す

る場合などには便利です。

値型の変数を Enter メソッドに渡すと、これはオブジェクトとしてボックス化されます。同じ変数を、さらに Enter メソッドに指定した場合、この変数は別のオブジェクトとしてボックス化されるため、プログラムはブロックしません。したがって、Enter メソッドに値型を指定しないほうが良いでしょう。この Enter メソッドと Exit メソッドの呼び出しは、C# の lock 文と同じ働きをします。lock 文の例は後述します。以降に、ソースリストの一部を示します。

リスト6.3●Program.csの一部（050 Sync¥02Monitor¥）

```
      ⋮
private static readonly Object _lockObject = new Object();
private static int Counter = 0;

private static void Method()
{
    for (int i = 0; i < 1024; i++)
    {
        Monitor.Enter(_lockObject);
        Counter++;
        Thread.Sleep(0);
        Monitor.Exit(_lockObject);
    }
}

static void Main(string[] _)
{
    Task task = Task.Run(Method);
    Method();
    task.Wait();

    Console.WriteLine($"Counter = {Counter}.");
}
      ⋮
```

Method メソッドは、Task.Run メソッドでスレッドとして起動され、同時にメインスレッドからも呼び出されます。この Method メソッドは、Monitor クラスの Enter メソッドと Exit メソッドで作成したクリティカルセクション内で、Counter をインクリメントします。Enter メソッドや Exit メソッドに指定する同期オブジェクトは、専用のオブジェクト _lockObject を使用します。同期したいメソッドが同じインスタンス内だけであるなら、this を使うのが簡単です。しかし、将来

のプログラム拡張などでインスタンスを超えた同期が必要になる可能性もあるので、本例のように専用の同期オブジェクトを使用することを推奨します。以降に実行例を示します。

```
Counter = 2048.
```

それぞれのループで 1024 回インクリメントするため、1024 × 2 = 2048 から正常に動作するのを観察できます。ループの中に Thread.Sleep(0); を入れていますが、これはスレッド間の競合を起きやすくするためです。

競合すると、どのような結果になるのか、Monitor クラスの Enter メソッドと Exit メソッドをコメントアウトし、2 回実行した例を示します。

```
Counter = 1296.
Counter = 1301.
```

このように、競合が発生するため、結果は不正確、かつ不定です。

6.3 lock 文

前節で解説した Monitor クラスを利用した同期プログラムを、lock 文に置き換えてみましょう。lock 文は指定されたオブジェクトに対する排他制御します。ロックの内部ブロックはクリティカルセクションとして処理されます。lock 文の構文を次に示します。

```
lock (オブジェクト)
{
    文
    文
    ...
}
```

lock 文によってスレッドがクリティカルセクションに入っているとき、別のスレッドがロックされたコードを使おうとすると、lock 文に指定されたオブジェクトが解放されるまでブロックされます。lock 文はブロックを形成するため、比較的使いやすい排他制御機構です。ブロックのためロックして、解除を忘れるようなことがありません。

　lock 文に指定するオブジェクトは、参照型に基づくオブジェクトでなければなりません。指定するオブジェクトによってロックのスコープ（範囲）が定義されます。たとえば、関数の内部オブジェクトを指定すると、ロックのスコープはこの関数に限定されます。排他制御を厳密に行うには、lock 文に渡されるオブジェクトのスコープをよく考える必要があります。C# には強力な同期機構が組み込まれていますが、ロックオブジェクトのスコープを誤り、問題を起こすことがあります。

　逆に、インスタンスにパブリックにアクセスできる場合も、問題となることがあります。ユーザーの制御がおよばないコードによって、このオブジェクトがロックされる可能性があるからです。この場合、他のスレッドが同じオブジェクトを指定し、デッドロック状態が発生することがあります。オブジェクトではなく、パブリックなデータ型を指定した場合も同じです。たとえば、this を使用すればクラス外からでも取得できるため、クラスの設計者が意図しないところで、これらのオブジェクトがロックに使用される可能性があります。これは、単にパフォーマンスを低下させるだけでなく、デッドロックの原因にもなります。やたらと this をロックオブジェクトに指定するのは問題です。

　リテラル文字列を指定する人がいるとは思えませんが、リテラル文字は CLR（Common Language Runtime）管理下にあるため、どのような結果になるかは保証できません。

　結局、クラスにロック専用のオブジェクトを用意するのがよいでしょう。ただし、スコープによって排他制御の範囲が異なるため、クラス間でアクセスできるオブジェクトを指定しなければならない場合もあります。これは、lock 文ではなく排他制御の注意点です。ロックオブジェクトに this を使用したら、インスタンス間で排他制御されません。逆にインスタンス内だけで排他制御されれば良い場合、this を使うのは便利でしょう。

　いずれにしても、プログラム全体で排他制御したいのか、全インスタンスで排他制御したいのか、インスタンス内だけで排他制御したいのかなどを良く理解した上で、ロックオブジェクトを定義しましょう。lock 文は、ブロックの開始が Monitor クラスの Enter メソッドに、ブロックの終了が Exit メソッドに対応します。以降に、ソースリストの一部を示します。

リスト6.4●Program.csの一部（050 Sync¥03lock¥）

```
    ⋮
private static readonly Object _lockObject = new Object();
private static int Counter = 0;

private static void Method()
{
    for (int i = 0; i < 1024; i++)
    {
        lock (_lockObject)
```

```
        {
            Counter++;
            Thread.Sleep(0);
        }
    }
}

static void Main(string[] _)
{
    Task task = Task.Run(Method);
    Method();
    task.Wait();

    Console.WriteLine($"Counter = {Counter}.");
}
  ⋮
```

　Method メソッドは、Task.Run メソッドでスレッドとして起動され、同時にメインスレッドからも呼び出されます。この Method メソッドは、lock 文に専用のロックオブジェクトを指定することで、クリティカルセクションを作ります。lock 文で作成したクリティカルセクション内で、Counter をインクリメントします。このループ内のクリティカルセクション内に Thread.Sleep(0); を入れ、スレッド間で競合が発生しやすくします。同期オブジェクトは、専用のオブジェクト _lockObject を使用します。以降に実行例を示します。

```
Counter = 2048.
```

　ループの中に Thread.Sleep(0); を入れていますが、これはスレッド間の競合を起きやすくするためです。
　競合すると、どのような結果になるのか、lock 文をコメントアウトし、2 回実行した例を示します。

```
Counter = 1277.
Counter = 1294.
```

　このように、競合が発生するため、結果は不正確、かつ不定です。

6.4 AutoResetEvent クラス

　待機クラスを使用した排他制御を解説します。待機クラスには、手動で設定する ManualResetEvent クラスと自動で設定する AutoResetEvent クラスが存在します。待機ハンドルはシグナル／非シグナル状態を持ち、スレッド間で相互に排他処理するのに便利な機能を提供します。ManualResetEvent クラスは、いったんシグナル状態になると手動でリセットする必要があります。ManualResetEvent は、Reset メソッドが呼び出されると非シグナル状態になります。AutoResetEvent クラスは、自動でリセットされます。C# には、WaitHandle クラスから派生したクラスとして、ManualResetEvent、AutoResetEvent および Mutex クラスが用意されています。

　本節では、AutoResetEvent クラスを使用したプログラムを紹介します。AutoResetEvent クラスは、待機中のスレッドが解放されると、システムによって自動的に非シグナル状態に設定されます。待機中のスレッドがない場合、オブジェクトの状態はシグナル状態のままとなります。プログラムのソースコードを次に示します。

リスト6.5●Program.csの一部（050 Sync¥04AutoEvent¥）

```
    ⋮
private static readonly AutoResetEvent aEvent = new AutoResetEvent(true);
private static int Counter = 0;

private static void Method()
{
    for (int i = 0; i < 1024; i++)
    {
        aEvent.WaitOne(); // 待ち
        Counter++;
        Thread.Sleep(0);
        aEvent.Set();      // 解放
    }
}

static void Main(string[] _)
{
    Task task = Task.Run(Method);
    Method();
    task.Wait();
```

```
        Console.WriteLine($"Counter = {Counter}.");
    }
    ⋮
```

　まず、AutoResetEvent のオブジェクトをシグナル状態で生成します。AutoResetEvent オブジェクトの初期状態は、コンストラクターに渡す Boolean 値で決まります。初期状態をシグナル状態にする場合は true、非シグナル状態にする場合は false を指定します。次に、スレッド間で共有するカウンタ Counter を初期化します。

　これまで同様、Task.Run メソッドでスレッドを生成、起動します。すぐに、メインスレッドでも、同じメソッドを呼び出し並列実行させます。

　Method メソッドは、AutoResetEvent クラスの WaitOne メソッドで、イベントがシグナル状態になるのを待ちます。WaitOne メソッドを呼び出したスレッドは、シグナル状態になるまでブロックされます。AutoResetEvent クラスは、待機中の 1 つのスレッドが解放された後、シグナル状態になったときに自動的にリセットされます。制御を取得したスレッドは、Counter をインクリメントします。処理が完了したら Set メソッドを呼び出して AutoResetEvent をシグナル状態に変更し、待機しているスレッドに対して続行できることを示します。以降に実行例を示します。

```
Counter = 2048.
```

　競合すると、どのような結果になるのか、aEvent.WaitOne(); と aEvent.Set(); をコメントアウトし、2 回実行した例を示します。

```
Counter = 1145.
Counter = 1187.
```

　このように、競合が発生するため、結果は不正確、かつ不定です。

6.5 Mutex クラス

本節では、Mutex クラスを利用したシンプルな同期プログラムを開発します。Mutex クラスは、スレッド間だけでなくプロセス間の排他処理（同期）にも使用できます。1つの共有リソースに、複数のスレッドがアクセスする場合、競合が発生しプログラムが正常に動作しない時があります。このような不整合が起きないように、一度にリソースを使用するのは1つのスレッドだけということを保証する同期機構を組み込む必要があります。Mutex クラスは、共有リソースへの排他アクセス権を1つのスレッド（あるいはプロセス）のみに付与する機構を組み込むための同期機能です。あるスレッドが Mutex を取得すると、その Mutex を取得しようとしている他のスレッドは、Mutex が解放されるまでブロックされます。以降に、ソースリストの一部を示します。

リスト6.6●Program.csの一部（050 Sync¥06Mutex¥）

```csharp
    ⋮
private static readonly Mutex SampleMu = new Mutex(false, "test");
private static int Counter = 0;

private static void Method()
{
    for (int i = 0; i < 1024; i++)
    {
        SampleMu.WaitOne();         // 待機
        Counter++;
        Thread.Sleep(0);
        SampleMu.ReleaseMutex();    // 解放
    }
}

static void Main(string[] _)
{
    Task task = Task.Run(Method);
    Method();
    task.Wait();

    Console.WriteLine($"Counter = {Counter}.");
}
    ⋮
```

Method メソッドは、Task.Run メソッドでスレッドとして起動され、同時にメインスレッドからも呼び出されます。この Method メソッドは、Mutex クラスの WaitOne メソッドと ReleaseMutex メソッドで作成したクリティカルセクション内で、Counter をインクリメントします。

Mutex の所有権を要求するには、WaitHandle クラスの WaitOne メソッドを使用します。WaitOne メソッドには、Mutex を所有できるまでプログラムをブロックするものと、一定時間だけ待つものが存在します。ここでは、プログラムを単純にするため前者を使用します。Mutex を所有するスレッドが ReleaseMutex メソッドを呼び出すと、その Mutex はシグナル状態になり、待機中のスレッドに所有権が移ります。どのスレッドにも所有されていない Mutex の状態はシグナルです。以降に実行例を示します。

```
Counter = 2048.
```

ループの中に Thread.Sleep(0); を入れていますが、これはスレッド間の競合を起きやすくするためです。競合すると、どのような結果になるのか、SampleMu.WaitOne(); と SampleMu.ReleaseMutex(); をコメントアウトし、2回実行した例を示します。

```
Counter = 1175.
Counter = 1172.
```

このように、競合が発生するため、結果は不正確、かつ不定です。

6.6 Semaphore クラス

前節に続いて、セマフォを使用した同期処理プログラムを開発します。基本的な動作は前節のプログラムと同じですが、同期オブジェクトにセマフォを使用します。以降に、ソースリストの一部を示します。

リスト6.7●Program.csの一部 （050 Sync¥07Semaphore¥）

```
    ：
private static readonly Semaphore SampleSem = new Semaphore(1, 1);
private static int Counter = 0;

private static void Method()
```

```
{
    for (int i = 0; i < 1024; i++)
    {
        SampleSem.WaitOne();    // 待機
        Counter++;
        Thread.Sleep(0);
        SampleSem.Release();    // 解放
    }
}

static void Main(string[] _)
{
    Task task = Task.Run(Method);
    Method();
    task.Wait();

    Console.WriteLine($"Counter = {Counter}.");
}
    ⋮
```

Method メソッドは、Task.Run メソッドでスレッドとして起動され、同時にメインスレッドからも呼び出されます。このメソッド Method は、Semaphore クラスの WaitOne メソッドと Release メソッドで作成したクリティカルセクション内で、Counter をインクリメントします。

Semaphore の所有権を要求するには、WaitOne メソッドを使用します。Semaphore を所有するスレッドが Release メソッドを呼び出すと、その Semaphore はシグナル状態になり、待機中のスレッドに所有権が移ります。どのスレッドにも所有されていない Semaphore の状態はシグナルです。以降に実行例を示します。

```
Counter = 2048.
```

競合すると、どのような結果になるのか、SampleSem.WaitOne(); と SampleSem.Release(); をコメントアウトし、2 回実行した例を示します。

```
Counter = 1119.
Counter = 1180.
```

競合が発生するため、結果は不正確、かつ不定です。

コンカレントコレクション

　並列処理プログラムでも、コレクションを使用したプログラムを使用することは少なくないでしょう。これまでのように同期機構を使用してもかまいませんが、.NET Framework 4から便利なコレクションがいくつか用意されました。ここでは、そのようなコレクションを使用したプログラムを紹介します。

■ ConcurrentQueue クラス

　従来のコレクションを使用しても並列化が可能ですが、同期処理などを自身で組み込む必要があります。この種のプログラムを有効に並列化するには、.NET Framework 4.0で新たに用意されたコンカレントコレクションクラスを使用することを推奨します。コンカレントコレクションクラスは、System.Collections.Concurrent 名前空間に用意されたスレッドセーフなコレクションクラスです。複数のスレッドから同時にコレクションにアクセスする可能性がある場合、System.Collections 名前空間や System.Collections.Generic 名前空間に用意されているクラスの代わりに使用するとプログラムが簡単になるとともに、性能の向上も期待できます。

　まず、最初にコンカレントコレクションクラスの1つである ConcurrentQueue クラスを使用した例を示します。以降に、ソースリストを示します。

リスト6.8●Program.cs （050 Sync¥11ConcurrentQueue¥）

```csharp
using System;
using System.Linq;
using System.Threading.Tasks;
using System.Collections.Concurrent;

namespace ConsoleApp
{
    internal class Program
    {
        //parallel dequeue and sum them
        private static int Method(ConcurrentQueue<int> queue)
        {
            var localSum = 0;
            while (!queue.IsEmpty)
            {
                while (queue.TryDequeue(out int dequeueData))
```

```
            localSum += dequeueData;
        }
        return localSum;
    }

    static void Main(string[] _)
    {
        var queue = new ConcurrentQueue<int>();

        //Enqueue
        const int DataLength = 1024;
        int[] a = Enumerable.Range(1, DataLength).ToArray();
        for (int i = 0; i < a.Length; i++)
            queue.Enqueue(a[i]);

        //parallel dequeue and sum them
        Task<int>[] tasks = new Task<int>[5];
        for (int i = 0; i < tasks.Length; i++)
        {
            tasks[i] = Task.Run(() => Method(queue));
        }
        var sum = 0;
        for (int i = 0; i < tasks.Length; i++)
            sum += tasks[i].Result;
        Console.WriteLine($"sum  = {sum}.");

        CheckCode(a, sum);
    }

    // check code
    private static void CheckCode(int[] a, int result)
    {
        var csum = 0;
        for (int i = 0; i < a.Length; i++)
            csum += a[i];
        Console.WriteLine($"csum = {csum}.");

        if (result != csum)
            Console.WriteLine($"error, csum = {csum}, result= {result}.");
    }
}
}
```

　本プログラムは、複数のタスクで、同一のキューから読み込んだ数値データの総和を求めます。

　まず、前準備として Main メソッドの先頭で、ConcurrentQueue オブジェクト queue を生成し、そのキューに配列 a[] の値を Enqueue します。次に、Task 配列を Task.Run メソッドで生成・起動します。起動するタスクは戻り値を持ちます。Task 配列を生成・起動した直後で、それらの戻り値をすべて加算することによって、キューが返す値の総和を求め、結果を表示します。このように Task の戻り値を参照しますので、すべての Task が完了するまで同期が行われます。最後に、総和が正確に求められたか CheckCode メソッドを呼び出し検査します。動作の概要を図で示します。

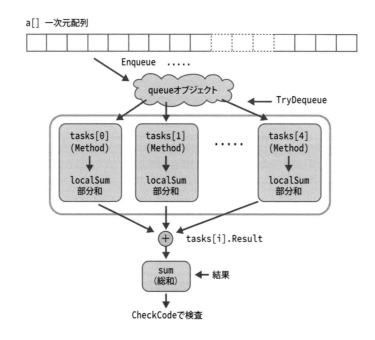

図6.3●動作概要

　Method は Main メソッドの Task.Run メソッドで生成・起動されます。このメソッドは複数のスレッドで同時に並列動作します。ConcurrentQueue オブジェクト queue が空になるまで、読み込みます。その値をローカル変数 localSum へ加算します。最後に、自身が処理した分の結果を返します。ConcurrentQueue クラスはスレッドセーフですので、排他処理は不要です。複数のスレッドが何の考慮も行わずアクセスして構いません。以降に実行例を示します。

```
sum  = 524800.
csum = 524800.
```

ConcurrentQueue<T> クラス

ConcurrentQueue クラスは、スレッドセーフな先入れ先出し（FIFO）コレクションのクラスです。ConcurrentQueue<T> のパブリックメンバとプロテクトメンバはすべてスレッドセーフです。

メソッド	Enqueue
説明	ConcurrentQueue<T> の末尾にオブジェクトを追加するメソッドです。

構文	```public void Enqueue(```
	　　`T item`
	`)`
	　　item（型:T）　コレクションに追加するオブジェクトです。参照型の場合、この値はnull 参照でもかまいません。

メソッド	TryDequeue
説明	ConcurrentQueue<T> の先頭にあるオブジェクトを削除して返そうと試みるメソッドです。

構文	`public bool TryDequeue(`
	　　`out T result`
	`)`
	　　result（型:T）　操作が正常に終了した場合は、削除されたオブジェクトが result に格納されます。削除できるオブジェクトがない場合、値は返されません。
	
	戻り値（型:System.Boolean）
	　オブジェクトが正常に削除され、かつ返された場合 true が、それ以外の場合、false が返されます。

プロパティ	IsEmpty
説明	ConcurrentQueue<T> が空かどうかを示す System.Boolean 型のプロパティです。
構文	`public bool IsEmpty { get; }` 　空であれば true、それ以外の場合は false となります。

6

■ ConcurrentStack クラス

　直前のプログラムを ConcurrentStack クラスで書き換えます。ConcurrentStack<T> クラスは、スレッドセーフな後入れ先出し（LIFO）コレクションのクラスです。ConcurrentStack<T> のパブリックメンバとプロテクトメンバはすべてスレッドセーフです。以降に、ソースリストの一部を次に示します。

リスト6.9●Program.csの一部 （050 Sync¥12ConcurrentStack¥）

```csharp
   ⋮
var stack = new ConcurrentStack<int>();

//Enqueue
const int DataLength = 1024;
int[] a = Enumerable.Range(1, DataLength).ToArray();
for (int i = 0; i < a.Length; i++)
    stack.Push(a[i]);

//parallel dequeue and sum them
Task<int>[] tasks = new Task<int>[5];
for (int i = 0; i < tasks.Length; i++)
{
    tasks[i] = Task.Run(() =>
    {
        var localSum = 0;
        while (!stack.IsEmpty)
        {
            while (stack.TryPop(out int dequeueData))
                localSum += dequeueData;
        }
        return localSum;
    });
}
var sum = 0;
for (int i = 0; i < tasks.Length; i++)
    sum += tasks[i].Result;
Console.WriteLine($"sum  = {sum}.");
   ⋮
```

　コレクションが ConcurrentQueue から ConcurrentStack へ変わるだけです。値の取り出し順が変わりますが、このプログラムのように総和を求めるアプリケーションでは、取り出し順は結

果に影響しません。また、並列処理プログラムの場合、各タスク間の順序が不定なので、順序が
FIFO であろうが LIFO であろうが、そもそも意味を成しません。先のプログラムは、Task.Run メ
ソッドの引数にメソッドを指定していましたが、このプログラムはラムダ式でインライン展開し
ます。実行結果は先のプログラムと同じです。

ConcurrentStack<T> クラス

　ConcurrentStack<T> クラスは、スレッドセーフな後入れ先出し（LIFO）コレクションのクラス
です。ConcurrentStack<T> のパブリックメンバとプロテクトメンバはすべてスレッドセーフです。

メソッド	Push
説明	ConcurrentStack<T> の先頭にオブジェクトを挿入するメソッドです。
構文	public void Push(　　T item) 　　item（型：T）　コレクションにプッシュするオブジェクトです。参照型の場合、この値 　　　　　　　　　は null 参照でもかまいません。

メソッド	TryPop
説明	ConcurrentStack<T> の先頭にあるオブジェクトをポップして返そうと試みるメソッドです。
構文	public bool TryPop(　　out T result) 　　result（型：T）　操作が正常に終了した場合は、削除されたオブジェクトが result に格 　　　　　　　　　　納されます。削除できるオブジェクトが存在しない場合、値は格納さ 　　　　　　　　　　れません。 　戻り値（型：System.Boolean） 　　オブジェクトが正常に削除され、かつ返された場合 true が、それ以外の場合、false が返 　されます。

プロパティ	IsEmpty
説明	ConcurrentStack<T> が空かどうかを示す System.Boolean 型のプロパティです。
構文	public bool IsEmpty { get; } 　空の場合は true、それ以外の場合は false になります。

■ ConcurrentBag クラス

直前のプログラムを、今度は ConcurrentBag クラスで書き換えます。ConcurrentBag<T> クラス
は、スレッドセーフなオブジェクトの順序付けられていないコレクションのクラスです。以降に、
ソースリストの一部を次に示します。

リスト6.10●Program.csの一部（050 Sync¥13ConcurrentBag¥）

```
    ⋮
var bag = new ConcurrentBag<int>();

//Enqueue
const int DataLength = 1024;
int[] a = Enumerable.Range(1, DataLength).ToArray();
for (int i = 0; i < a.Length; i++)
    bag.Add(a[i]);

//parallel dequeue and sum them
Task<int>[] tasks = new Task<int>[5];
for (int i = 0; i < tasks.Length; i++)
{
    tasks[i] = Task.Run(() =>
    {
        var localSum = 0;
        while (!bag.IsEmpty)
        {
            while (bag.TryTake(out int dequeueData))
                localSum += dequeueData;
        }
        return localSum;
    });
}
    ⋮
```

コレクションが ConcurrentBag<T> クラスへ変わるだけで、ほとんど先のプログラムと同様
です。

ConcurrentBag<T> クラス

ConcurrentBag<T> クラスは、スレッドセーフなオブジェクトの順序付けられていないコレクションのクラスです。

メソッド	Add
説明	オブジェクトを ConcurrentBag<T> に追加するメソッドです。
構文	public void Add(　　T item) 　　item（型:T）　コレクションに追加するオブジェクトです。参照型の場合、この値は 　　　　　　　　null 参照でもかまいません。

メソッド	TryTake
説明	ConcurrentBag<T> からオブジェクトを削除して返そうと試みるメソッドです。
構文	public bool TryTake(　　out T result) 　　result（型:T）　操作が正常に終了した場合は、削除されたオブジェクトが result に格 　　　　　　　　　納されます。バッグが空の場合は、T の既定値が格納されます。 　　戻り値（型:System.Boolean） 　　オブジェクトが正常に削除された場合 true が、それ以外の場合、false が返されます。

プロパティ	IsEmpty
説明	ConcurrentBag<T> が空かどうかを示す System.Boolean 型のプロパティです。
構文	public bool IsEmpty { get; } 　　空の場合は true、それ以外の場合は false が返されます。

6.8　コンカレントコレクション応用

4.8 節「Queue クラスで頻繁に UI 更新」で、Queue クラスを使用したスレッド間のコントロールアクセスを紹介しました。そのプログラムは、Queue クラスを使用したため、同期機構を組み込む必要がありました。ここでは、.NET Framework 4.0 で提供されたコンカレントコレクションクラスである ConcurrentQueue クラスを使用して、同期機構を外したプログラムを紹介します。動

作などは以前のものと同じなので、変更部分を中心に説明します。

リスト6.11●MainWindow.xaml.csの一部 （050 Sync¥21TaskConcurrentQueueBar¥）

```
4using System;
using System.Windows;
using System.Threading;
using System.Threading.Tasks;
using System.Windows.Threading;
using System.Collections.Concurrent;

#nullable disable

namespace WpfApp
{
    /// <summary>
    /// Interaction logic for MainWindow.xaml
    /// </summary>
    public partial class MainWindow : Window
    {
        private readonly DispatcherTimer _timer = new();
        private readonly ConcurrentQueue<string> mQueue = new();

            ⋮
        // 「開始」ボタン
        private void BStart_Click(object sender, RoutedEventArgs e)
        {
                ⋮
            Task.Run(() =>
            {
                string sendData;
                for (int i = 0; i <= 100; i++)
                {
                    Thread.Sleep(100);

                    sendData = "percent " + i.ToString();

                    mQueue.Enqueue(sendData);    // Enqueue data
                }
                mQueue.Enqueue("end");    // Enqueue data
            });
        }
```

```
        // タイマメソッド
        private void MyTimerMethod(object sender, EventArgs e)
        {
            char[] delimiter = { ' ', ',', ':', '/' };        // delimiters
            string[] split;

            try
            {
                while (mQueue.TryDequeue(out string msg)) // Dequeue data
                {
                    split = msg.Split(delimiter);    // split
                      ⋮
      ⋮
```

　以前のプログラムは Queue クラスを使用しましたが、本プログラムは ConcurrentQueue クラス を使用します。このため、キューに対する同期処理が不要になります。以前のプログラムと異な る部分を抜き出して説明します。まず、Queue の宣言と生成を ConcurrentQueue へ変更します。以 降に変更点を示します。

（1）まず、System.Collections を System.Collections.Concurrent へ変更します。以降に示す ように

```
using System.Collections;
```

　を

```
using System.Collections.Concurrent;
```

　へ変更します。

（2）Queue オブジェクトを、ConcurrentQueue オブジェクトへ変更します。以降に示すように

```
private readonly Queue mQueue = new();
```

　を

```
private readonly ConcurrentQueue<string> mQueue = new();
```

へ変更します。

（3）Queue オブジェクトはスレッドセーフでないため排他処理が必要でした。ConcurrentQueue オブジェクトはスレッドセーフなため排他制御は不要です。以降に示す

```
Monitor.Enter(mQueue);        // lock
mQueue.Enqueue(sendData);     // Enqueue data
Monitor.Exit(mQueue);         // release
```

を

```
mQueue.Enqueue(sendData);    // Enqueue data
```

へ変更します。

（4）メッセージの読み込みも、Queue オブジェクトはスレッドセーフでないため排他処理が必要でした。ConcurrentQueue オブジェクトはスレッドセーフなため排他制御は不要です。以降に示す

```
while (mQueue.Count > 0)
{
    Monitor.Enter(mQueue);                 // lock
    string msg = (string)mQueue.Dequeue(); // Dequeue data
    Monitor.Exit(mQueue);                  // release
```

を

```
while (mQueue.TryDequeue(out string msg)) // Dequeue data
```

へ変更します。

　以前のプログラムに比べるとキューに対する同期処理が不要になるため、プログラムが簡易化
されます。また、性能も向上すると思われます。このような単純なキューの使用法でなく、複雑
なケースではコンカレントコレクションの有用性を感じるでしょう。以降に実行例を示します。

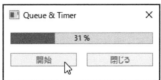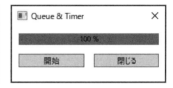

図6.4●実行例

第7章

Parallel クラス

　タスク並列化は、これまで説明した、Task.Run メソッドなどを使えば実現できます。では、データ並列のような処理を実行するにはどうしたらよいのでしょう。Task.Run メソッドなどで記述することも可能ですが、.NET Framework 4.0 で導入された Parallel クラス（System.Threading.Tasks 空間）を用いると簡単に実装できます。本章では、Parallel クラスを使ってデータ並列などを中心に解説します。

　データの並列化とは、コレクションや配列などの各要素に対し、繰り返し同じ処理を行うことを指します。データの並列化は、System.Threading.Tasks.Parallel クラスの For メソッド、および ForEach メソッドでサポートされます。これらは多数のオーバーロードメソッドが存在します。

　System.Threading.Tasks.Parallel クラスの For メソッド、および ForEach メソッドでデータの並列化を行うと、for 文、および foreach 文で形成するループをメソッドで並列実装できます。for 文に対応する Parallel.For メソッド、foreach 文に対応する Parallel.ForEach メソッドで、通常のループを記述する場合と同等に記述できます。

　なお、Parallel クラスの Invoke メソッドを使用すると、タスク並列も簡単に記述できますので、それについても最後の節で解説します。

■ C# とデータ並列概論

　.NET Framework 4 でタスク並列ライブラリ（TPL: Task Parallel Library）が追加されました。タスク並列ライブラリについては、1.6 節「タスク並列ライブラリ（TPL）概論」で概要を説明済みです。ここでは、特にデータ並列について紹介します。

.NET Framework 3.5 以前のクラスでデータの並列化を行うのは容易ではありませんでした。データ並列化をスレッドなどで記述することは可能ですが、ソースの分割や並列数などはプログラマが明示的にコード化する必要がありました。ところが、TPL の System.Threading.Tasks.Parallel クラスの For メソッドや ForEach メソッドを使用すると、for 文や foreach 文を使うような感覚でデータ並列を記述できます。さらに TPL は、並列化に向かない処理は並列化しないといったことも自動で行います。たとえば、ループの各反復処理（イテレーション）の負荷が非常に軽い場合、オーバーヘッドなどが大きくなり、並列化によってむしろ性能が低下する恐れがあります。そのような処理では、あえて並列化せずに実行します。

TPL を利用することで、プログラマは、具体的にどのように並列化が行われるかを意識することなく並列処理プログラムを実装できます。ただし、TPL を利用してもデッドロックやデータ競合といった問題までは自動で回避できません。TPL は並列化を容易に実現できる便利なライブラリですが万能ではありません。TPL を効率的に利用するためには、基本的な並列コンピューティングの概念について理解しておく必要があります。

7.1 単純な Parallel.For

本節では単純なループについて解説します。まず、配列の要素を 2 倍し、その値を別の配列に設定する逐次処理のプログラムを示します。まず、逐次処理で記述した、ソースリストを示します。

リスト7.1●Program.cs　（060 Parallel¥01simpleFor¥01 simpleForS¥）

```
using System;
using System.Linq;

namespace ConsoleApp
{
    internal class Program
    {
        static void Main(string[] _)
        {
            const int Count = 8;
            int[] a = Enumerable.Range(1, Count).ToArray();
            var c = new int[a.Length];
```

```
        for (int i = 0; i < a.Length; i++)
        {
            c[i] = a[i] * 2;
        }
        foreach(int it in c)
            Console.Write("{0,3:d}", it);
    }
  }
}
```

単に a 配列の各要素に 2 を乗じ c 配列に代入します。以降に、処理の概要を図で示します。

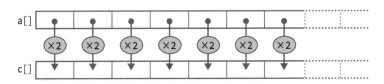

図7.1●処理内容

以降に実行例を示します。

```
 2  4  6  8 10 12 14 16
```

このプログラムを並列化してみましょう。最も単純な Parallel.For メソッドのオーバーロードを使用して、a 配列の各要素に 2 を乗じ c 配列に代入します。以降に、プログラムのソースリストの一部を示します。

リスト7.2●Program.csの一部（060 Parallel¥01simpleFor¥02 simpleForP¥）

```
    ⋮
using System.Threading.Tasks;
    ⋮
        Parallel.For(0, a.Length, i =>
        {
            c[i] = a[i] * 2;
        });
    ⋮
```

System.Threading.Tasks.Parallel.For メソッドを使用し、ループを並列化します。逐次プロ

グラムでは、a の要素が下位から上位へ順に処理されます。Parallel.For メソッドを使用する場合、処理順は不定です。この例で示すように、反復処理を取り消す、あるいは中断する必要がない場合、かつ各スレッドが状態を維持する必要がない場合、For メソッドの最も基本的なオーバーロードを使用します。

　For メソッドの 3 つ目のパラメータは、Action<int> 型のデリゲートです。ここではラムダ式を使用しています。すべてのスレッドが完了すると、For メソッドは System.Threading.Tasks.ParallelLoopResult オブジェクトを返します。この例では、戻り値は使用しません。

7.2 単純な Parallel.ForEach

　単純な Parallel.ForEach メソッドを使用した並列処理プログラムを示します。このプログラムは、各要素に 2 を乗じ表示します。以降に、プログラムのソースリストの一部を示します。

リスト7.3●Program.csの一部（060 Parallel¥01simpleFor¥03 simpleForEach¥）

```
 ⋮
const int Count = 8;
int[] a = Enumerable.Range(1, Count).ToArray();

Parallel.ForEach(a, c =>
{
    Console.Write("{0,3:d}", c * 2);
});
 ⋮
```

　各要素に 2 を乗じた結果が表示されますが、表示順は一定ではなく、動作させる度に表示順は変わります。これは、Parallel.ForEach メソッドによって並列化した部分で表示処理を行うためです。以降に実行例を示します。

```
  2   8   6  10  16   4  12  14
```

7.3 Stop メソッドで脱出

　本節では、並列処理プログラムのループから脱出する方法を解説します。プログラムを開発していると繰り返し処理が頻繁に出現します。そのループを特定の条件で脱出しなければならない場合があります。逐次処理プログラムで for ループを抜けるには、一般的に break 文を使用します。あるいは、return 文でメソッド自体を終了することもあります。しかし、並列処理プログラムにおけるループからの脱出は、それほど簡単ではありません。

　最初に、ループインデックスの値が 10 になったら break してループを抜けるコードを示します。

リスト7.4●Program.csの一部（060 Parallel¥02exitFor¥01forSerial¥）

```
    ⋮
for (int i = 0; i < 128; i++)
{
    Console.WriteLine("i={0,3}", i);

    if (i == 10)
        break;
}
    ⋮
```

　ループインデックス i が 10 なら break 文でループを抜ける単純なプログラムです。

　この処理を並列化したプログラムに適用してみましょう。並列化したプログラムでは、まったく同じことを行うことはできません。並列化部分では複数のループが同時に実行されており、1つのループを止めても他のループはその影響を受けないためです。ただし、並列化したプログラムでも、逐次処理プログラムと同様に処理を中止することは可能です。

リスト7.5●Program.csの一部（060 Parallel¥01simpleFor¥02 simpleForP¥）

```
    ⋮
Parallel.For(0, 128, (i, state) =>
{
    Console.WriteLine("i={0,3},  tId={1,2}",
        i, Thread.CurrentThread.ManagedThreadId);

    if (i == 10)
    {
```

```
            state.Stop();
            Console.WriteLine("i={0,3},  tId={1,2}: Stop",
                i, Thread.CurrentThread.ManagedThreadId);
        }
    });
   ⋮
```

　このプログラムは逐次プログラムと同様に、ループインデックス i が 10 ならループを抜けます。Parallel.For メソッドでは、通常の for 文と同じ方法でループを脱出することはできません。なぜなら、ループの実行部分はスレッドメソッドであり、逐次プログラムの for ループとは異なります。ループを脱出するには、ParallelLoopState の Stop あるいは Break メソッドを使用しなければなりません。本例では Stop メソッドを呼び出します。

　Stop メソッドが呼ばれたあと、新しいイテレータ（反復子）は開始されません。しかし、起動されているイテレーション（反復処理）は最後まで実行されます。1 回のループ処理に長い時間を要する場合は、他のスレッドが Stop メソッドを呼んでいないか定期的に調べた方が効率的なプログラムになります。ここで使用した Parallel.For メソッドのオーバーロードは、Parallel.For(Int32, Int32, Action(Int32, ParallelLoopState)) です。

　この例ではループインデックス i が 10 のときに Stop メソッドを使用し、ループから脱出します。i が 10 のイテレータが実行されたことは確実ですが、他にどのイテレータが処理されたかは分かりません。このようなことから、Stop メソッド呼び出しはサーチ処理などに向くことが分かるでしょう。たとえば、先の逐次処理プログラムの場合、i が 10 になってループを脱出するまでに、0 〜 9 までの処理は確実に行われています。ところが、並列処理プログラムではそのような保証はありません。このため、Stop メソッドは、サーチ処理などには向きますが、特定の範囲（たとえば 0 〜 10 まで）の処理が実行されたらループを脱出するという目的に用いることはできません。これが、逐次処理プログラムとの大きな違いです。特定の範囲の処理を確実に行うには、後述する Break メソッドを使用してください。以降に、本プログラムの実行例を示します。

```
    ⋮
i=  4,  tId= 1
i=  5,  tId= 1
i=  6,  tId= 1
i=  7,  tId= 1
i=  8,  tId= 1
i=  9,  tId= 1
i= 10,  tId= 1
i= 10,  tId= 1: Stop     ← スレッドID=1でStop呼び出し。
i= 64,  tId= 4          ← Stop呼び出し以前に起動されているイテレータ。
```

```
i= 97,  tId= 5        ← Stop呼び出し以前に起動されているイテレータ。
i= 36,  tId= 3        ← Stop呼び出し以前に起動されているイテレータ。
i=  2,  tId= 6        ← Stop呼び出し以前に起動されているイテレータ。
```

　表示のiはループインデックス、tIdはスレッド番号です。実行結果は、一定ではなくタイミングで異なりますが、Stopは必ず呼び出され、それ以降の表示は不定です。以降に動作の概要を示します。

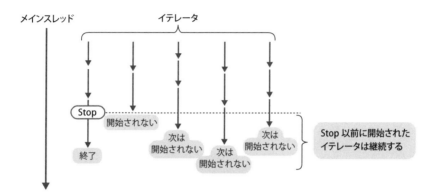

図7.2●動作の概要

イテレータ、イテレーション、ループ

　本書は、イテレータ（反復子）やイテレーション（反復処理）と記述した方が正確な箇所であっても、for文のループに倣ってループやループ処理などと表現する場合があります。

　正確には、Forメソッドのラムダ式は、ループではなく毎回起動される匿名メソッドです。しかし、便宜的にループと表現する方が全体の説明が簡単になる場合も多いです。ループと記述しても、実際はイテレーションやイテレータを指している場合もあります。また、イテレータとスレッドとの関係も複雑なため、なるべく逐次処理プログラムのfor文に沿った形で説明します。

7.4 IsStopped プロパティを監視

先のプログラムは、終了条件に達しても、すでに並列に実行しているループは実行を続けます。Stop メソッドが呼ばれたあと、処理を継続する必要がなければ、IsStopped プロパティを調べ、true ならループを抜けるようにすると効率的なプログラムとなります。以降に、ソースリストの一部を示します。

リスト7.6●Program.csの一部（060 Parallel¥02exitFor¥03forStopState¥）

```
⋮
Parallel.For(0, 128, (i, state) =>
{
    Console.WriteLine("i={0,3},  tId={1,2}, state.IsStopped={2}",
            i, Thread.CurrentThread.ManagedThreadId, state.IsStopped);

    if (i == 10)
        state.Stop();

    if (state.IsStopped)          // チェックを行う
    {
        Console.WriteLine("i={0,3},  tId={1,2}, state.IsStopped={2}:[return]",
            i, Thread.CurrentThread.ManagedThreadId, state.IsStopped);
        return;
    }
});
⋮
```

ループ内部で、IsStopped プロパティを監視し、既に Stop メソッドが呼ばれているか検査します。もし、ほかのスレッドが Stop メソッドを呼んでいたら IsStopped プロパティは true になります。そのような場合、処理を続ける必要はないため、return でループを抜けます。この例では、イテレータの処理が軽いので IsStopped プロパティを監視する意味は重要ではありません。しかし、イテレータ内部で長い時間のかかる処理や待ち時間のある作業を行う場合、定期的に IsStopped プロパティを監視すると効率の良いプログラムとなります。以降に、実行例を示します。

```
    ⋮
i=  8,  tId= 1, state.IsStopped=False
i=  9,  tId= 1, state.IsStopped=False
```

```
i= 10,  tId= 1, state.IsStopped=False              ← スレッドID=1でStop呼び出し。
i= 10,  tId= 1, state.IsStopped=True:[return]      ← state.IsStopped=trueなので脱出。
i= 84,  tId= 4, state.IsStopped=False
i= 84,  tId= 4, state.IsStopped=True:[return]      ← state.IsStopped=trueなので脱出。
i= 78,  tId= 3, state.IsStopped=False
i=  4,  tId= 6, state.IsStopped=False
i=  4,  tId= 6, state.IsStopped=True:[return]      ← state.IsStopped=trueなので脱出。
i= 78,  tId= 3, state.IsStopped=True:[return]      ← state.IsStopped=trueなので脱出。
i= 98,  tId= 5, state.IsStopped=False
i= 98,  tId= 5, state.IsStopped=True:[return]      ← state.IsStopped=trueなので脱出。
```

　i が 10 のイテレータは Stop メソッドを呼び出します。既に開始しているイテレータは IsStopped プロパティを監視し、true なら return でループを抜けます。各イテレータは非同期に動作しますので、実行結果は起動するたびに異なります。また、メッセージもタイミングによって異なる出力となります。

　動作を監視するために Console.WriteLine が入っており、ソースコードが見にくいです。監視の Console.WriteLine を外した本来のコードを以降に示します。

リスト7.7●Console.WriteLineを抜いたソースコード

```
Parallel.For(0, 128, (i, state) =>
{
    if (i == 10)
        state.Stop();
    if (state.IsStopped)        // チェックを行う
        return;
});
```

7.5　Break メソッドで脱出

　Break メソッドを使用して Parallel.For メソッドから抜ける方法を解説します。基本的に Break メソッドも Stop メソッドも Parallel.For メソッドから抜ける方法の1つです。これらの間の大きな違いを次に示します。

Stop メソッド　　呼び出されたあとは、新しいループを開始しない。

Break メソッド　　呼び出したループインデックスより大きな値のループは起動しない。それ以
　　　　　　　　　下のループインデックス値のループは起動する。

　たとえば、ループインデックスが0～100のParallel.Forループがあったとします。このうち、
ループインデックスが5のときBreakメソッドを呼び出したとすると、ループインデックス6～
100のループは新規に開始されることはありません。ただし、ループインデックス6～100のイ
テレータが処理済み、あるいは処理中の可能性があります。ループインデックスが1～4のもの
で、まだ実行していないループが存在する場合、Breakメソッドを呼び出したあとでも当該ルー
プは起動されます。また、この時点でParallelLoopState.LowestBreakIterationに5がセットさ
れます。並列ループでは各ループの実行順序が不定なので、ループインデックス0～4のループ
で実行していないものがあるかもしれません。もし、そのようなループが存在したら、それらの
ループを開始します。

　Break メソッドが呼び出されても、既に並列に動いているループは最後まで実行されます。
Break メソッドが呼び出されたか否かは、ParallelLoopState.LowestBreakIteration が null か検
査することで判断できます。ParallelLoopState.LowestBreakIteration は Nullable<long> です。
Break メソッドを使用して Parallel.For ループから抜ける単純なプログラムのソースリストの一
部を示します。

リスト7.8●Program.csの一部　（060 Parallel¥02exitFor¥04forBreak¥）

```
  ⋮
Parallel.For(0, 128, (i, state) =>
{
    Console.WriteLine("i={0,3},  tId={1,2}",
        i, Thread.CurrentThread.ManagedThreadId);

    if (i == 10)
    {
        state.Break();
        Console.WriteLine("i={0,3},  tId={1,2}: Break",
            i, Thread.CurrentThread.ManagedThreadId);
    }
});
  ⋮
```

以降に、実行例を示します。

```
      :
 i=  1,  tId= 1
 i=  2,  tId= 1
 i= 96,  tId= 5
      :
 i=  9,  tId= 6
 i= 10,  tId= 6
 i= 10,  tId= 6: Break     ← i==10、スレッドID=6でBreak呼び出し
 i= 98,  tId= 4            ← 既に起動済
 i=  4,  tId= 1            ← i < 10
 i=  5,  tId= 1            ← i < 10
 i=  6,  tId= 1            ← i < 10
 i= 63,  tId= 3            ← 既に起動済
 i=115,  tId= 5            ← 既に起動済
 i=  7,  tId= 1            ← i < 10
```

　このプログラムでは、ループインデックス i が 10 のときに Break メソッドを呼び出します。i が 10 未満であるのに、実行されていないループがあれば、Break メソッド呼び出し後であっても、それらのループは継続して起動されます。実行結果を観察すると分かりますが、i=10 以上の i=98 は、すでに Break メソッドを呼び出す以前に起動されていたループです。実行順や起動されるループは、環境やスレッド数、および Break メソッドが呼ばれたときの状況に依存するため不定です。

　確実にいえることは、Break メソッドが呼ばれた時点のループは実行を継続する、そして Break メソッドを呼び出したループより小さな値で未実行のループは、Break メソッドの呼び出し以降も起動されます。

7.6 LowestBreakIteration プロパティ

　Break メソッドが呼び出された時点ですでに並列に動作しているループは、何もしなければ前述のとおり最後まで実行されます。しかし、ParallelLoopState.LowestBreakIteration プロパティを検査し、Break メソッドの呼び出しを知ることができます。ParallelLoopState. LowestBreakIteration には、Break メソッドを呼び出したループのインデックス値がセットされます。なお、本節で使用した Parallel.For のオーバーロードは、Parallel.For (Int32, Int32, Action(Int32, ParallelLoopState)) です。

リスト7.9●Program.csの一部 （060 Parallel¥02exitFor¥05forLowestBreak¥）

```
  ⋮
Parallel.For(0, 128, (i, state) =>
{
    Console.WriteLine("i={0,3},  tId={1,2}",
        i, Thread.CurrentThread.ManagedThreadId);

    if (i == 10)
        state.Break();

    if (state.LowestBreakIteration != null) // チェックを行う
    {
        if (i >= state.LowestBreakIteration)
        {
            Console.WriteLine("*return*: {0,3} >= {1}",
                i, state.LowestBreakIteration);
            return;
        }
        else
        {
            Console.WriteLine("i={0,3},  tId={1,2}: continue",
                i, Thread.CurrentThread.ManagedThreadId);
        }
    }
    // 処理
});
  ⋮
```

　いずれかのループで i が 10 に達したときに、Break メソッドを呼び出しループから脱出します。この時点でどのループが処理済みかは不明です。このプログラムは、0 ～ 128 の Parallel.For ループで、i が 10 のとき Break メソッドを呼び出します。すると、これ以降は、i が 11 ～ 128 のループを実行する必要はないことが確定します。また、この時点では ParallelLoopState.LowestBreakIteration に 10 がセットされます。

　Parallel ループの実行順序は不定なので、i が 0 ～ 9 のループで実行されていないものがあるかもしれません。もし、そのようなループが処理されず残っていたら、そのループは Break メソッド呼び出し以降であっても起動されます。Break メソッドは、順序性のある配列などをサーチする処理に利用するとよいでしょう。

　ループ内で非常に重い処理を行う場合は、ParallelLoopState.LowestBreakIteration が null

かチェックし、null 以外（すでに Break メソッドが呼ばれている）で、i が ParallelLoopState.LowestBreakIteration 以上ならすぐにループを脱出し、そうでないなら処理を継続すると効率の良いプログラムとなるでしょう。以降に、実行例を示します。

```
        ⋮
i=104,  tId= 4
i= 96,  tId= 5
i=113,  tId= 5
i=114,  tId= 5
i= 33,  tId= 3
i= 34,  tId= 3
i=  1,  tId= 6
i=  2,  tId= 1
i=  3,  tId= 1
i=  6,  tId= 1
i=  7,  tId= 1
i=  8,  tId= 1
i=  9,  tId= 1
i= 10,  tId= 1            ← i==10、スレッドID=1でBreak呼び出し
*return*:  10 >= 10      ← すぐに抜ける
i=115,  tId= 5
*return*: 115 >= 10      ← すぐに抜ける
i=  4,  tId= 6
i=  4,  tId= 6: continue  ← 処理継続
i=  5,  tId= 6
i=  5,  tId= 6: continue  ← 処理継続
i=105,  tId= 4
*return*: 105 >= 10      ← すぐに抜ける
i= 35,  tId= 3
*return*:  35 >= 10      ← すぐに抜ける
```

　i が 10 なら Break メソッドを呼び出します。次に、ParallelLoopState.LowestBreakIteration が null 以外で、かつ、i が ParallelLoopState.LowestBreakIteration 以上なら、すぐに return でループを抜けます。そうでなかったら、処理を継続します。ParallelLoopState.LowestBreakIteration が null の場合も処理を継続します。

7.7 スレッドローカル変数と Parallel.For

　スレッド毎にローカルな変数が必要な場合があります。たとえば、並列化したプログラムで配列に格納されている値の総和を求める例などです。複数のスレッドで、自身の担当部分の部分和を求め、最後に全スレッドの部分和を集合して総和を求めるようなプログラムでは、スレッドごとにローカルな変数が必要です。

　単純なスレッドプログラミングであれば、各スレッドで担当する範囲を決めておき、それぞれの結果をグローバルな総和を保持する変数に足し込めば実現できます。このようなプログラムは複雑で、スケーラビリティも損なわれます。.NET の Parallel.For メソッドには、このような問題を簡潔に解決する便利なオーバーロードが用意されています。以降に、ソースリストを示します。

リスト7.10●Program.csの一部　（060 Parallel¥03Local¥01 forLocal¥）

```
    ⋮
static void Main(string[] _)
{
    const int DataLength = 1024;
    int[] a = Enumerable.Range(1, DataLength).ToArray();

    var Ssum = SumSequential(a);
    var Psum = SumParallel(a);

    Console.WriteLine($"sum by Sequential = {Ssum}");
    Console.WriteLine($"sum by Parallel   = {Psum}");
}

// Sequential
private static int SumSequential(int[] a)
{
    var sum = 0;
    for (int i = 0; i < a.Length; i++)
    {
        sum += a[i];
    }
    return sum;
}
```

```
// Parallel
private static int SumParallel(int[] a)
{
    var sum = 0;
    Parallel.For(0, a.Length,
                         () => 0,              // スレッドローカルの初期化
               (i, loopState, localSum) =>
               {
                   localSum += a[i];
                   return localSum;
               },
        (localSum) =>                          // 最後のアクション
        {
            Interlocked.Add(ref sum, localSum);
        }
    );
    return sum;
}
⋮
```

　SumSequential メソッドは、逐次処理によって配列の全要素の総和を求めます。簡単なメソッド
ですが、次の SumParallel メソッドと比較するため動作概念を図に示します。

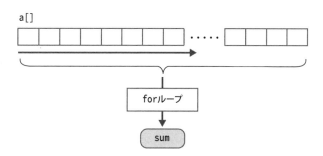

図7.3●SumSequentialメソッド

　SumSequential メソッドを並列化したのが、SumParallel メソッドです。このメソッドは、ス
レッドローカル変数を使用した、Parallel.For メソッドで並列に総和を計算します。スレッドロー
カル変数を使用すると、共有変数へ頻繁にアクセスする必要がなくなるため、スレッド（イテレー
タ）間の同期処理の回数を大幅に低減でき、同期の際に発生するオーバーヘッドを回避できます。
ループ単位で共有変数にアクセスする代わりに、すべてのループが完了するまでスレッドローカ
ル変数に値を保存します。最終的な結果は、共有変数に1回で書き込むか、その他のメソッドに

渡せます。各スレッドはこのときに 1 回だけ同期処理が必要です。

　各ループ（イテレータ）は i に任意の値が設定され起動されます。自分の担当部分の途中の値は各スレッドで保持する必要があります。.NET には、このようにスレッドに対しローカルな変数を保持する目的に合致したオーバーロードが用意されています。以降に、本メソッドで使用した、For メソッドのオーバーロード形式を示します。

```
public static ParallelLoopResult For<TLocal>(
    int             fromInclusive,
    int             toExclusive,
    Func<TLocal>    localInit,
    Func<int, ParallelLoopState, TLocal, TLocal>  body,
    Action<TLocal>  localFinally
)
```

TLocal	スレッドローカルな変数。
fromInclusive	ループ（イテレータ）の開始番号。
toExclusive	ループ（イテレータ）の終了番号（この番号自体はループに含まない）。
localInit	スレッドローカル変数の初期値を返す Func デリゲートで、最初に 1 回だけスレッド毎に起動される。この値は各スレッドの、最初の body 起動時に使用される。
body	ループ単位で起動されるデリゲート。これは、ループの範囲内（fromInclusive から toExclusive のひとつ前）の番号で起動される。最初の int がイテレータ番号、次の ParallelLoopState は、先に説明したループ脱出の break などに使用する。スレッドローカル変数を変更し、次に起動される body に値を渡すことができる。最後に起動された各スレッドの body は、localFinally にローカルの値を渡す。
localFinally	最後に 1 回だけスレッド毎に起動される Action デリゲート。このデリゲートはスレッド毎に起動されるため、同時に複数動作する可能性がある。したがって、グローバル変数などを操作する場合はスレッド間の排他処理が必要である。このため、本例では、ローカル変数に求めたスレッド単位の部分和を、総和 sum に足し込むとき、Interlocked.Add メソッドを使用する。

　SumParallel メソッドの動作概念を図に示します。

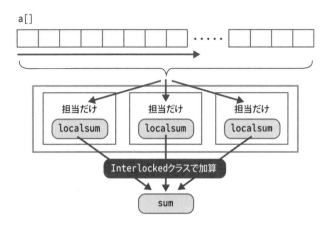

図7.4●SumParallelメソッド

スレッド毎に、localSum にスレッド単位の部分和を求めます。スレッドの実行順は不定ですが、sum は必ず 524800 になります。このように、各スレッドのイテレーションで値を引き継ぎたい場合、スレッドローカルを使用すると簡単に実現できます。以降に、実行例を示します。

```
sum by Sequential = 524800
sum by Parallel   = 524800
```

実行結果は逐次メソッド、並列メソッドで必ず一致します。このプログラムでは使用していませんが、このメソッドは System.Threading.Tasks.ParallelLoopResult を返します。

7.8 スレッドローカル変数と Parallel.ForEach

直前のプログラムと同様の処理を、Parallel.ForEach メソッドで書き換えたものを示します。Parallel.For メソッド同様、スレッドローカルな変数が必要です。以降に、ソースリストを示しますが、異なるのは SumParallel メソッドのみですので、その部分だけ示します。

リスト7.11●Program.csの一部 (060 Parallel¥03Local¥02 foreachLocal¥)

```
    ⋮
private static int SumParallel(int[] a)
{
```

```
    var sum = 0;
    Parallel.ForEach<int, int>(a,
                        () => 0,            // スレッドローカルの初期化
            (n, loopState, localSum) =>     // body
            {
                    localSum += n;
                    return localSum;
            },
        (localSum) =>                       // 最後のアクション
        {
            Interlocked.Add(ref sum, localSum);
        }
    );
    return sum;
}
  :
```

以降に、SumParallel メソッドで使用した、ForEach メソッドのオーバーロード形式を示します。

```
public static ParallelLoopResult ForEach<TSource, TLocal>(
    IEnumerable<TSource>      source,
    Func<TLocal>              localInit,
    Func<TSource, ParallelLoopState, TLocal, TLocal>  body,
    Action<TLocal>            localFinally
)
```

TSource	System.Collections.Generic.IEnumerable の列挙型入力データ。
TLocal	スレッドローカルな変数。
localInit	スレッドローカル変数の初期値を返す Func デリゲートで、最初に 1 回だけスレッド毎に起動される。この値は各スレッドの、最初の body 起動時に使用される。
body	列挙型データの各要素単位で起動されるデリゲート。このデリゲートは、要素の値、ParallelLoopState、そしてスレッド毎に使用されるローカル変数を引数に起動される。ParallelLoopState は、先に説明したループ脱出の break などに使用する。各ループ（イテレータ）は、スレッドローカル変数を変更し、次に起動される body に値を渡すことができる。最後に起動された各スレッドの body は、localFinally にローカルの値を渡す。
localFinally	最後に 1 回だけスレッド毎に起動される Action デリゲート。このデリゲー

トはスレッド毎に起動されるため、同時に複数動作する可能性がある。したがって、グローバル変数などを操作する場合はスレッド間の排他処理が必要である。このため、本例では、ローカル変数に求めたスレッド単位の部分和を、総和 sum に足し込むとき、Interlocked.Add メソッドを使用する。

実行例を次に示します。

```
sum by Sequential = 524800
sum by Parallel   = 524800
```

実行結果は逐次メソッド、並列メソッドで必ず一致します。
このプログラムでは使用していませんが、このメソッドは System.Threading.Tasks. ParallelLoopResult を返します。

7.9 ループ取り消し

Parallel.For メソッドで作成したループを取り消すプログラムを紹介します。Parallel.For メソッドと Parallel.ForEach メソッドの取り消しはキャンセルトークンを経由して行われます。以降に、ソースリストの一部を示します。

リスト7.12●Program.csの一部（060 Parallel¥04Cancel¥01 Cancel¥）

```
    ⋮
static void Main(string[] _)
{
    var cts = new CancellationTokenSource();
    var po = new ParallelOptions
    {
        CancellationToken = cts.Token
    };

    Task.Run(() =>  // Launch the task of canceling the loop
    {
        Thread.Sleep(100);
        cts.Cancel();
```

```
    });

    try
    {
        Parallel.For(0, 1024, po, (i) =>
        {
            Thread.Sleep(10);
            Console.WriteLine("i={0,3}, ThreadID={1,1}",
                        i, Thread.CurrentThread.ManagedThreadId);
            po.CancellationToken.ThrowIfCancellationRequested();
        });
    }
    catch (OperationCanceledException e)
    {
        Console.WriteLine("OperationCanceledException occurs, " + e.Message);
    }
    Console.WriteLine("end of Program.");
}
 ⋮
```

　まず、CancellationTokenSource オブジェクトと、ParallelOptions オブジェクトを生成し、ParallelOptions オブジェクトの CancellationToken に、CancellationTokenSource オブジェクトの Token を設定します。

　並列ループを取り消すには、ParallelOptions 引数に CancellationToken を指定し、並列呼び出しを try-catch ブロックで囲みます。

　並列ループのキャンセルは、タスクを生成してその内部から行います。これは、Parallel.For メソッドがループの終了までメインスレッドをブロックするためです。したがって、別にタスクを起動しないと、並列ループが完了するまでメインメソッドは動作できません。この起動したスレッドから、ParallelOptions オブジェクトの Cancel メソッドを呼び出します。これは、キャンセルのリクエストを行います。

　並列化したコードでは、ParallelOptions オブジェクトの CancellationToken オブジェクトで取り消しをモニタするため、ThrowIfCancellationRequested メソッドを呼び出します。この呼び出しは、このトークンでキャンセルが要求された場合、OperationCanceledException 例外を発生させます。これによって、catch へ捕まり、プログラムは終了へ向かいます。図に動作概念を示します。

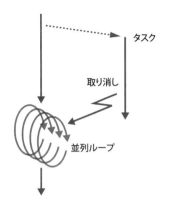

図7.5●並列ループの取り消し

　並列ループが起動してしばらくすると、先ほど Task.Run メソッドで起動したタスクからループが取り消されます。実行例を次に示します（実行するたびに結果は変わります）。

```
        ⋮
i=  3, ThreadID=1
i=771, ThreadID=6
i=259, ThreadID=4
i=260, ThreadID=4
i=  4, ThreadID=1
i=516, ThreadID=5
i=772, ThreadID=6
i=261, ThreadID=4
i=773, ThreadID=6
i=  5, ThreadID=1
i=517, ThreadID=5
i=262, ThreadID=4
i=774, ThreadID=6
i=518, ThreadID=5
i=  6, ThreadID=1
OperationCanceledException occurs，操作は取り消されました。
end of Program.
```

　並列ループがキャンセルされる、あるいは例外が発生するとループは終了します。また、新しいループも開始されません。既に、いくつかの方法を説明しましたが、並列ループがキャンセルされる、あるいは例外が発生したことを知るには、他のループで何が起こっているかモニタする方が良いでしょう。ただ、結果に影響を与えず、リソースや時間の浪費が微々たるものであると

きは特に何もしない方がプログラムは簡潔になり、不具合を埋め込む危険も低減できます。どちらを選択するかは、ケースバイケースですので、適切な方法を選んでください。

ParallelForEach メソッドを使う場合も同様の記述となりますので、ParallelForEach メソッドの例は省きます。

7.10 Partitioner クラス

本節ではオーバーヘッド軽減について説明します。ループ回数やループ内の負荷が小さいときは、自身でデータの分割を独自に行い、デリゲートの呼び出しをデータの分割単位ごとに収めることで、デリゲート呼び出しのオーバーヘッドを低減できます。このようなコードを自身で開発しなくても、.NET はこのようなケースに対処するために Partitioner クラスを提供しています。Partitioner クラスの Create メソッドを使用すると、デリゲートの本体で順次ループを実現できます。その結果、デリゲートの呼出しは、1 回の反復につき 1 回ではなく、1 つのパーティションにつき 1 回のみ行われます。7.7 節「スレッドローカル変数と Parallel.For」で紹介したプログラムに近いため、異なる部分を中心に示します。

リスト7.13●Program.csの一部（060 Parallel¥05Partition¥01 Partitioner¥）

```
using System;
using System.Linq;
using System.Threading.Tasks;
using System.Collections.Concurrent;

  ⋮

    // Parallel
    private static int SumParallel(int[] a)
    {
        var sum = 0;
        var rangePartitioner = Partitioner.Create(0, a.Length);
        Parallel.ForEach(rangePartitioner, (range, loopState) =>
        {
            Console.WriteLine("range = ({0,4},{1,4})", range.Item1,
                                                       range.Item2 - 1);
            for (int i = range.Item1; i < range.Item2; i++)
            {
```

```
                    sum += a[i];
                }
            });
            return sum;
        }
  ⋮
```

Partitioner クラスを用いて、適切なパーティションに分割して処理します。このメソッドは、For（ForEach）メソッド内の負荷分散ロジックを部分的に省略することで実現しており、主にループを最小の動作単位で実行する場合に有効な手段です。デリゲートは 1 回の反復につき 1 回ではなく、1 つのパーティションにつき 1 回だけ呼び出されるので、デリゲート呼び出しのオーバーヘッドが軽減されます。

将来、ループ内の負荷が大きくなったときは、通常の Parallel.For メソッドを使用するとパフォーマンスが向上する場合もあります。性能の逆転が起きるクロスポイントはループ内の負荷に大きく依存しますので、ループ内の負荷が変わったときは、どちらが優れているかベンチマークするとよいでしょう。性能評価で顕著な差異が見られない場合、どちらを採用しても大差ありません。以降に、実行例を示します。

```
range = (   0,  84)
range = (  85, 169)
range = ( 170, 254)
range = ( 595, 679)
range = ( 680, 764)
range = ( 765, 849)
range = ( 850, 934)
range = ( 935,1019)
range = (1020,1023)
range = ( 425, 509)
range = ( 510, 594)
range = ( 255, 339)
range = ( 340, 424)
sum by Sequential = 524800
sum by Parallel   = 524800
```

どのように分割されたか観察できます。どのように分割されるかは、環境などに依存します。

7.11 分割数の指定

Parallel.For メソッドの並列化数を指定する例を紹介します。Parallel.For メソッドの ParallelOptions 引数 po の MaxDegreeOfParallelism プロパティに並列化数を指定すると、明示的に並列化する数を指定できます。

リスト7.14●Program.csの一部（060 Parallel¥05Partition¥02 NumOfPartitions¥）

```csharp
  ⋮
var po = new ParallelOptions
{
    MaxDegreeOfParallelism = 4
};

Parallel.For(0, 64, po, i =>
{
    Console.WriteLine("i={0,2}, ThreadId={1}",
            i, Thread.CurrentThread.ManagedThreadId);
});
  ⋮
```

ParallelOptions 引数 po の MaxDegreeOfParallelism プロパティに 4 を設定し、並列化を最大 4 つまでとします。実行例を次に示します。

```
i=27, ThreadId=1
i=28, ThreadId=1
i= 9, ThreadId=4
i=21, ThreadId=3
i=50, ThreadId=5
i=31, ThreadId=5
i=22, ThreadId=3
i=29, ThreadId=1
i=10, ThreadId=4
i=11, ThreadId=4
i=12, ThreadId=4
i=13, ThreadId=4
i=14, ThreadId=4
```

スレッド番号1、3、4、そして5が使われています。これから分かるように、スレッドは4つまでしか起動されません。MaxDegreeOfParallelism プロパティに設定するのは並列化の最大値です。必ず指定した値まで分割されるとは限りません。実際に起動されるスレッド数は環境などに依存します。

7.12 Parallel.Invoke

これまでの Parallel クラスはデータ並列でした。本節では、Parallel.Invoke メソッドを利用したタスク並列の例を紹介します。まず、Parallel.Invoke メソッドを使用した簡単で暗黙的にタスクを起動する方法を紹介します。このメソッドを使用すると、各コードは暗黙的に並列実行します。各コードの実行順や、どのコードが並列に実行されるかは保障されません。

リスト7.15●Program.csの一部（060 Parallel¥06Invoke¥01Invoke¥）

```
⋮
Parallel.Invoke(() =>
{
    Thread.Sleep(1);
    Console.WriteLine("Parallel.Invoke-0");
},
() =>
{
    Thread.Sleep(1);
    Console.WriteLine("Parallel.Invoke-1");
}
);
Console.WriteLine("Done.");
⋮
```

このプログラムで使用したメソッドの形式を示します。

```
public static void Invoke(
    params Action[]   actions
)
```

Parallel.Invoke メソッドは、すべてのコードが完了するまで制御を戻しません。そのため、呼び出し元スレッドと Invoke されたスレッドは同期します。しかし、Invoke したコードは並列に動作するため、Invoke された各タスクの実行順序は不定です。本プログラムの動作の概要図を示します。

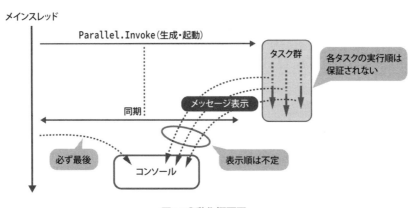

図7.6●動作概要図

Thread.Sleep は、それぞれの実行が非同期であることを確認しやすいように入れたコードです。本プログラムを2回実行させた例を示します。

1回目

```
Parallel.Invoke-0
Parallel.Invoke-1
Done.
```

2回目

```
Parallel.Invoke-1
Parallel.Invoke-0
Done.
```

1回目と2回目で Parallel.Invoke-0 と Parallel.Invoke-1 の表示順は逆転しています。Parallel.Invoke メソッドで起動したメソッドは、非同期に実行されます。Done. は必ず最後に表示されます。Parallel.Invoke メソッドは、相互に依存のない作業を並列に処理させたいときに便利に利用できます。

■ もう少し複雑な例

先のプログラムは単純ですので、もう少し実用的な例を紹介します。このプログラムは、一次元配列の総和、平均、最大値、そして最小値を求める4つの作業を並列して行います。

リスト7.16●Program.csの一部 （060 Parallel¥06Invoke¥02Invoke2¥）

```
    ⋮
const int DataLength = 1024;
int[] a = Enumerable.Range(-(DataLength/2), DataLength).ToArray();

Parallel.Invoke(
    () =>
    {
        var sum = 0;
        for (int i = 0; i < a.Length; i++)
        {
            sum += a[i];
        }
        Console.WriteLine($"sum = {sum,5}");
    },
    () =>
    {
        var max = int.MinValue;
        for (int i = 0; i < a.Length; i++)
        {
            max = Math.Max(max, a[i]);
        }
        Console.WriteLine($"max = {max,5}");
    },
    () =>
    {
        var min = int.MaxValue;
        for (int i = 0; i < a.Length; i++)
        {
            min = Math.Min(min, a[i]);
        }
        Console.WriteLine($"min = {min,5}");
    },
    () =>
    {
        var sum = 0;
```

7

```
        for (int i = 0; i < a.Length; i++)
        {
            sum += a[i];
        }
        var ave = (float)sum / (float)a.Length;
        Console.WriteLine($"ave = {ave,5:f2}");
    }
);
Console.WriteLine("Done.");
    ⋮
```

　リストの最初の方から、総和、最大値、最小値、そして平均を求め表示します。このプログラムでは、4つが並列に動作します。本プログラムを2回実行させた例を示します。

1回目

```
min =   -512
sum =   -512
ave = -0.50
max =    511
Done.
```

2回目

```
max =    511
sum =   -512
ave = -0.50
min =   -512
Done.
```

　1回目と2回目で表示順は異なりますが、結果は必ず同じです。Parallel.Invoke メソッドで起動したメソッドは、非同期に実行されます。Done. は必ず最後に表示されます。

付録

Visual Studio の
インストール

付録 A

　ここでは、本書で紹介するプログラムの開発および動作確認に使用した、Visual Studio Community 2022 のインストールについて簡単に説明します。Visual Studio のインストールは簡単であり、普遍的なものでないため書籍に掲載するような内容ではないでしょう。ダウンロードサイトの URL や、その内容も日々変化しますので、書籍に記載するのは不適当と思われるときもあります。ただ、一例として参考にする目的で簡単に説明します。

　ここでは、執筆時点の最新バージョンである、Visual Studio Community 2022 のインストールについて簡単に解説します。まず、マイクロソフト社のウェブサイト（https://visualstudio.com/ja/downloads/）を開きます。そして、「コミュニティ」の［無料ダウンロード］ボタンをクリックします。

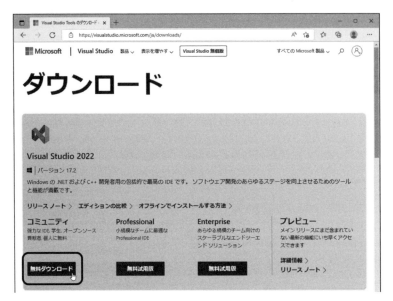

図A.1●［無料ダウンロード］ボタンをクリック

　ブラウザによって表示は異なりますが、ダウンロードが完了するとブラウザにファイル名が表示されますので、「ファイルを開く」をクリックしてインストーラーを起動します。あるいは、ダウンロードフォルダに格納された、ファイルをダブルクリックします。

図A.2●「ファイルを開く」をクリック

　インストールの準備が整うと、ライセンス条項へ同意するか問い合わせるダイアログボックスが現れます。ライセンス条項へ同意するとインストールが始まります。

図A.3●ライセンス条項へ同意

　すると、Visual Studio Installer のインストールが始まります。少し時間がかかりますので、ほかの作業などでも行いながら待ちましょう。

図A.4●Visual Studio Installerのインストール

　案内に従って進めると、以下に示す画面が現れます。C# を使用しますので、「.NET デスクトップ開発」へチェックを付けます。すると、右側にインストールする項目が現れます。デフォルトの設定で構いませんので［インストール］ボタンを押します。

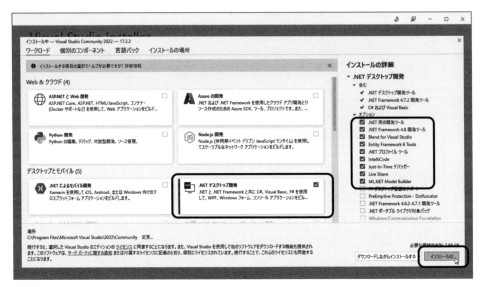

図A.5●「.NET デスクトップ開発」を選択して［インストール］ボタンをクリック

　インストール作業がしばらく続きますので、ほかの作業などをしながら終わるのを待ちましょう。

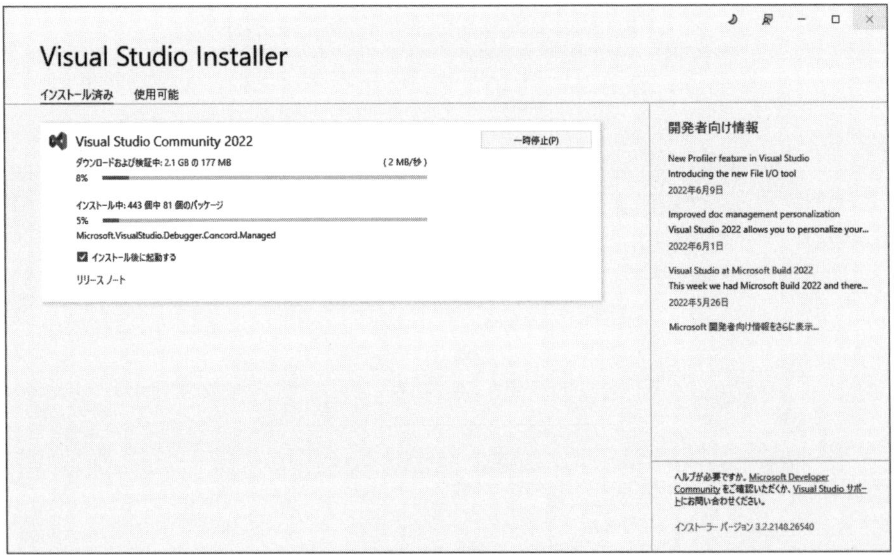

図A.6●インストール中

　インストール終了時にパソコンの再起動が求められたら、再起動します。再起動が求められない場合は、すぐに Visual Studio が起動します。Visual Studio が起動するとサインインを求められます。すでにアカウントを所持していればサインインして構いませんが、そうでなければ「後で行う」をクリックして後回しにして構いません。

図A.7●「後で行う」をクリック

　次に、「開発設定」や「配色テーマの選択」ダイアログが現れます。自分の好みの設定を選んでください。なにもせず「Visual Studio の開始」をクリックしても良いでしょう。

図A.8●「Visual Studio の開始」をクリック

しばらくすると「開始する」画面が現れます。「コードなしで続行」を押します。

図A.9●「コードなしで続行」をクリック

以上で、Visual Studio Community のインストールは完了です。

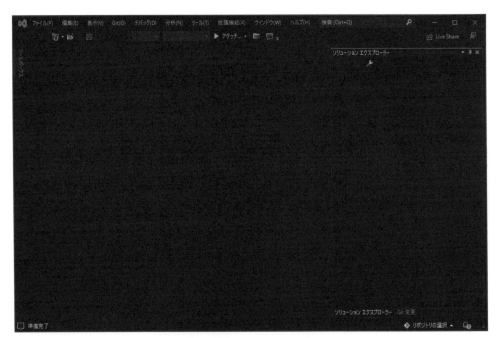

図A.10●インストールは完了

Visual Studio Community は無償で利用できますが、アカウントを作成しサインインしないと、一定期間後に利用が制限されます。メールアドレスとパスワードを用意してマイクロソフト社用

のアカウントを作成するとよいでしょう。Visual Studio Community を無償で利用できる期間の終わりが迫ると案内が表示されますので、それに従ってアカウントを作成しましょう。もちろん、すでにアカウントを作成済みであれば、そのアカウントを利用できます。あるいは使用期限が迫る前に、早めにアカウントを作成するのも良いでしょう。

付
録

プロジェクト作成

プロジェクトの作成法について簡単に説明します。本書の読者にプロジェクト作成の説明は不要と思いますが、最低限の説明を行います。.NET Framework ではなく .NET を使用しますので、その部分も説明します。

（1）Visual Studio を起動し、［新しいプロジェクトの作成］を選びます。あるいは、［コード無しで続行］を選び、Visual Studio を起動したのち、メニューから［ファイル］→［新規作成］→［プロジェクト］を選んでも構いません。

図B.1●新しいプロジェクトの作成

（2）「新しいプロジェクトの作成」ダイアログが現れますが、あまりにもテンプレートが多いので、［C#］を選びます。

図B.2●新しいプロジェクトの作成

（3）C# のみのテンプレートが現れますので、「コンソール アプリ」を選び、［次へ］を選択します。

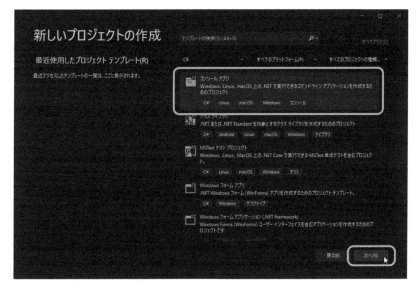

図B.3●「コンソール アプリ」を選ぶ

（4）プロジェクトの場所と名前などを入力します。そのまま、あるいは適切に変更し、［次へ］を選択します。

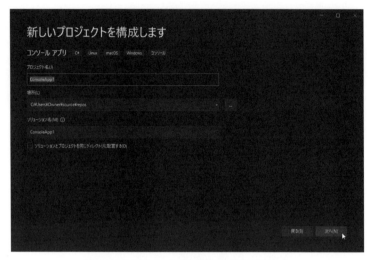

図B.4●プロジェクトの場所と名前などを入力

（5）追加情報が現れます、.NET 6.0 のまま「作成」を押します。

図B.5●追加情報

（6）すると、プロジェクトが作成され、いくつかのファイルが自動的に生成されます。

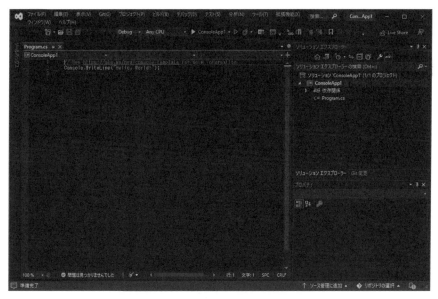

図B.6●コンソールプロジェクトが生成される

（7）ソースコードを変更し、必要なコードを追加します。WPF のプロジェクトを生成した直後
の画面も示します。

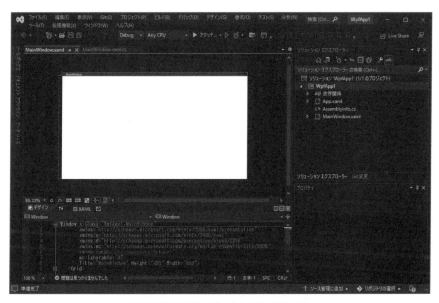

図B.7●WPFプロジェクトが生成される

（8）これで準備完了です。ツールバーの［ソリューションのビルド］を押して、ビルドします。
あるいは、Ctrl + F5 キーを押すか、［デバッグ］→［デバッグなしで実行］を選択し実行します。

本書では、「コンソール アプリ (.NET Framework)」は使用しません。（3）で選ぶのは「コンソール アプリ」です。以下に、「コンソール アプリ (.NET Framework)」を示します。

図B.8●「コンソール アプリ(.NET Framework)」は使わない

なお、WPF プロジェクトを作成するときも、「WPF アプリ (.NET Framework)」ではなく「WPF アプリケーション」を使用します。

図B.9●「WPF アプリケーション」を使用

図B.10●「WPF アプリ (.NET Framework)」は使わない

索引

■ 著者プロフィール

北山 洋幸（きたやま ひろゆき）

　鹿児島県南九州市知覧町出身（旧川辺郡知覧町）、富士通株式会社、日本ヒューレット・パッカード合同会社・株式会社日本 HP（旧横河ヒューレット・パッカード株式会社）、米国 Hewlett-Packard 社出向、株式会社 YHP システム技術研究所出向・転籍を経て有限会社スペースソフトを設立。現在は代表を退き、のんびり仕事している。

　　オペレーティングシステムやコンパイラなどのプラットフォーム開発に従事後、プロセッサーシミュレータを複数の研究機関と共同で開発する。その後、イメージングシステムやメディア統合の研究・開発に従事する。数か月におよぶ海外への長期滞在や年単位の米国シリコンバレー R&D 部門への配属、そして西海岸以外への出張も経験する。その後、コンサルティング分野に移り、通信、リアルタイムシステム、信号処理、宇宙航空機、EDA 分野などなど、さまざまな研究・開発に参加する。並行して直接本業と関連しないものを、多数の月刊誌、書籍などに連載・寄稿する。近年は、ノンビリと地域猫との交流を楽しんでいる。

主な著訳書
単著・共著・翻訳（株式会社 技術評論社、株式会社 近代科学社、株式会社 オーム社、CQ 出版 株式会社、株式会社 秀和システム、株式会社 カットシステム、株式会社 トッパンほか）
月刊誌（株式会社 日経 BP、株式会社 技術評論社、株式会社 オーム社、CQ 出版 株式会社ほか）
辞典、季刊誌、コラム、連載、寄稿など執筆多数。

C# 非同期・並列プログラミング入門

Task、async/await、Invoke の要諦を学ぶ

2022 年 10 月 10 日　　初版第 1 刷発行

著　者	北山 洋幸
発行人	石塚 勝敏
発　行	株式会社 カットシステム
	〒 169-0073 東京都新宿区百人町 4-9-7　　新宿ユーエストビル 8F
	TEL （03）5348-3850　　FAX （03）5348-3851
	URL　https://www.cutt.co.jp/
	振替　00130-6-17174
印　刷	シナノ書籍印刷 株式会社

本書に関するご意見、ご質問は小社出版部宛まで文書か、sales@cutt.co.jp 宛に
e-mail でお送りください。電話によるお問い合わせはご遠慮ください。また、本書の
内容を超えるご質問にはお答えできませんので、あらかじめご了承ください。

Cover design Y.Yamaguchi　　© 2022 北山洋幸

Printed in Japan　ISBN978-4-87783-528-6